一生役立つゴルフ超上達法

Mark Kanai
マーク金井

本書は著者のメールマガジン「マーク金井の書かずにいられない」所収の記事を電子書籍化し、さらに紙版として発行したものです。製品の名称などは当時のままになっていることをご了承下さい。

マイナビ

目次

まえがき ―― 6

第1章 一生役立つゴルフ練習法 ―― 9

①打ち放題の練習場は危険が一杯。 ―― 10
②ボールを打ってもスイングは良くならない。 ―― 13
③正しい素振りの練習法。 ―― 16
④テークバックでは始動とともに右ひじを曲げる。 ―― 20
⑤スイングをチェックする時は外側の目を使う。 ―― 25
⑥スイング作りは大は小を兼ねない。 ―― 28
⑦ゴルフは型に始まり型に終わる。 ―― 33
⑧スイングには表と裏がある。 ―― 38
⑨テークバックで左手は真っ直ぐ横に、右手は前後に動く。 ―― 43
⑩癖と演技の違いについて。 ―― 47
⑪ゴルフ雑誌のレッスン記事を読む心得え。 ―― 51

⑫反作用を意識すると、手首のコックがスムーズに行える。―― 55
⑬トップでは左ひじを真っ直ぐ、右ひじを90度曲げる。―― 59
⑭トップ時のフェース向きは3種類ある。―― 62
⑮左前腕を反時計回りにねじると、オープンフェースは解消できる。―― 67
⑯今どきの大型ヘッドを使いこなすには、シャットフェースが不可欠。―― 72
⑰いいスイングとは何か？ ―― 75
コラム 「ゴルフの竪琴」ってなに？ ―― 80

第2章 一生役立つゴルフクラブの選び方 ―― 81

①自分に合うクラブとは何か？ ―― 82
②上達したいならば、逆球が打てるクラブを使う。―― 85
③振り切れる範囲で重いクラブを使う。―― 89
④重いヘッドの方が飛距離を稼げる。―― 94
⑤シャフトの本当の硬さは「フレックス表記」では分からない。―― 99
⑥硬いシャフトがいいのか？ それとも軟らかいシャフトがいいのか？ ―― 103

⑦シャフトの「粘り」と「弾き」の見極め方。——108
⑧ドライバーのヘッドスピードが40m／s以下ならば、手元がしなるシャフトを選ぶべし。——112
⑨フッカーはトルクが多め、スライサーはトルクが少なめのシャフトと相性がいい。——117
⑩1本目のフェアウェイウッドを何にするのかは、ドライバーのロフトで決まる。——121
⑪メーカーが重いフェアウェイウッドを作らない理由。——125
⑫プロやトップアマが古いフェアウェイウッドを好んで使うには理由がある。——129
⑬フェアウェイウッドをリシャフトする時は、シャフト重量と調子にこだわろう。——133
⑭理想的な打ち出し角度は12〜14度。これに合せてリアルロフトを決める。——137
⑮慣性モーメントが大きい方がミスに強いが、フェースは返りづらくなってくる。——141
⑯重心距離が短いほどヘッドは回転しやすく、重心距離が長いほどヘッドは回転しづらい。——144
⑰球筋、スイングを矯正したいならば、補助輪付きのクラブを使った方がいい。——147
⑱国内メーカーのドライバーは高齢化に拍車がかかってきた。——150
⑲重量調整可能なドライバーは、1本は手元に持っておいた方がいい。——153

第3章 一生役立つゴルフ上達法——157
①スイングは2人芝居、主役はクラブ、脇役は人間。——158

②アマチュアのリラックスは緩みを招くだけ。力んだ方が、力まないスイングが身に付く。——161
③手首と右ひじの関節の曲げを意識すると、緩まないでテークバックできる。——165
④左ひじがピンと伸びて、右ひじが90度曲がっている。これが緩みのないトップの形。——168
⑤ナイスショットしたい欲がある限り、スイングは変わらない。——172
⑥イメージと現実のギャップを埋めるには、10倍ぐらい極端な動きが求められる。——175
⑦役者もゴルファーも未熟な人ほど、壮大な設計図を描いて失敗している。——177
⑧「分かる＝できる」と考えるのは、残念な人のゴルフ思考。——180
⑨飛ばないドライバーを使った方が、ティショット生存率がUPする。——182
⑩ティショット生存率が50％以下のゴルファーは、ドライバーを封印することも考える。——184
⑪セカンドショットで大事なことは、結果オーライが出やすい場所に運ぶこと。——187
⑫スコアを左右する3打目を上手く打てれば、パー奪取率が一気にアップする。——190
⑬ナイスショットは好調のバロメーターにならない。——192
⑭調子が悪いと感じた時は、とにかくリスクが低いショットを選択する。——195
⑮ナイスショットの閾値を下げれば、スタートホールで大叩きしない。——199
⑯スタートホールでは飛ばさない、乗せない、寄せない、入れない。——202
⑰自分の閾値を下げればラッキーが多くなる。——205

著者プロフィール／奥付——208

まえがき

僕は、中学2年生の時にゴルフを始めました。大学卒業後、29歳からゴルフ雑誌の編集者を皮切りに、ゴーストライターを経て、今はクラブアナリスト、人間試打マシーン、ゴルフ芸人など、いろいろな名前を頂戴しています。ゴルフ雑誌やインターネットのサイトに原稿を書いているかたわら、2005年4月、東京の神田にゴルフスタジオ「マーク金井のアナライズ」を作りました。

車のテストをするにはテストコースが必要なのと同じく、クラブやボールを客観的にテストするためには、専用スタジオが必要不可欠だと思ったからです。試打スペースにはコンピュータ弾道計測器、スイング分析のためのビデオシステムを完備しています。この専用の室内スタジオではゴルファーのクラブフィッティングも行っています。加えて、アマチュアのクラブやスイング診断から派生して、数年前からゴルフクラブやシャフトの設計、練習器具の開発が僕の仕事の重要なポジションを占めています。

この8年間、様々なクラブやボール、アマチュアゴルファーのスイングを分析してみて、はっきりと確信したことがあります。ゴルフクラブやレッスン技術やスイング解析などが、昔と比べて劇的に進化しているのにもかかわらず、ゴルフに悩んでいる人、スコアメイクに苦労している人は、昔と比べて一向に減る気配がありません。情報があまりにも多過ぎて、新たな悩みを抱えているゴルファーもかなり増えてきています。

30年前も現在も、なかなか100が切れないで悩んでいるゴルファーがたくさんいます。何年やってもシングルになれないゴルファーも多いです。そんな悩めるゴルファーのためにこの本を書き上げました。

第一章「一生役立つゴルフ上達法」は、昔、よく通っていた練習場に、いつ行ってもいるゴルファーのスイングがすごく変則だったことを思い出し、「そもそも練習場でボールをたくさん打つことで、ゴルフが上達するのだろうか」と素朴に思ったことからスタートしています。練習場に通っている人は皆、一生懸命努力しているにもかかわらず、その努力が報われている人は非常に少ない。なぜ練習しても上手くなれないのか？　この点に焦点を当てて、どうすれば努力が報われるのか、どうすれば本当に上手くなれるのかについて具体的に詳述しました。

第二章「一生役立つゴルフクラブの選び方」では、今どきのクラブの選び方につい詳述しました。昨今のゴルフクラブの進化はめざましいものがあります。ツアープロはクラブの進化の恩恵を受けて、年々飛距離が伸びています。今ではドライバーで３００ヤード以上飛ばす選手、３Ｗで３００ヤード飛ばすプロも少なからずいます。

対して、アマチュアはというと、プロほどクラブの進化の恩恵を受けていません。昔も今も、アマチュアの平均ヘッドスピードは40ｍ／ｓ前後ですし、ドライバーの飛距離は２００～２３０ヤードぐらい。そこでプロのように、クラブで飛距離を稼ぐ方法、クラブで方向安定性を上げる方法についてじっくり考えて書きました。

第三章の「一生役立つゴルフ上達法」は、技術もクラブ選びも間違っていないけど、コースに出ると残念なゴルファーになってしまう人のことを考えて書きました。この本を書くきっかけになったメールマガジンでは、「ゴルフ演劇論」というタイトルで書いていたので、僕の大好きな「芝居」に例えてゴルフの上達法を書いています。ゴルフの主役はあくまでクラブ。そしてコースは舞台。コースという舞台でアマチュアゴルファーはどう演じればいいのか？　演じ方でスコアがガラッと変わってくることを詳述しました。

理に叶って練習をして、理に叶ってクラブを選ぶ。そしてコースに出たら理に叶ったプレーをする。ゴルフに対して正しく向き合うことができれば、皆さんが思うほどゴルフは難しくありません。皆さんが思うよりもはるかに簡単にベストスコアを更新できますし、ドライバーの飛距離だって10ヤード以上伸ばすことは造作もないのです。

皆さんにぜひベストスコアを更新してほしいと思っています。この本のベースとなっているのは電子書籍ですが、実は電子書籍をリアルな紙媒体での出版は、僕の夢でした。電子書籍では載せられなかった写真を本書ではふんだんに使っています。ゴルフはいくつから初めても楽しめるスポーツです。スコアが良くても良くなくても楽しめるスポーツですが、ベストスコアを更新する時に味わう緊張感はなにものにも変えられません。

このパットを入れれば生まれて初めて100が切れる、このパットを決めれば夢の70台が出る。これぞゴルフの醍醐味です。この醍醐味を皆さんにぜひとも味わってもらえると嬉しいです。（◀◀）ｂ

第1章

一生役立つゴルフ練習法

①打ち放題の練習場は危険が一杯。

長引くデフレの影響でしょう。都心の練習場を覗けば、多くの練習場は時間制打ち放題が当たり前。例えば、1時間1500円とか、2時間2500円という風に……。時間制ならばボール数に制限がありません。1時間に50球打っても200球打っても同じ料金。1球何円という練習場よりもお得感があるので、多くのゴルファーから支持されています。

しかしながら、もし本当に「ゴルフが上手くなりたい」「いいスイングを身につけたい」と思うならば、打ち放題の練習場に行くのは得策ではありません。誤解を承知で言えば、一定時間内にたくさんのボールを打つことは、ゴルファーを下手にしてしまう（下手を固める）危険性を大いにはらんでいます。ボールを沢山打つことと、正しいスイングを身に付けることとの間には、何の因果関係もないからです（これについて次回詳しく説明します）。

そしてもうひとつの理由、それは「時間制打ち放題」の練習を重ねるゴルファーほど、「ゴルフの本質」を見失うことになるからです。

時間制打ち放題の場合、多くのゴルファーはたくさん打った方が「お得」だと考えがち。1時間1000円だとすれば、10球打てば1球あたりの単価は100円。100球打てば1球あたりの単価は10円まで下がります。1球あたりの単価を下げようと頑張ることはあっても、1球あたりの単価を上げようとする人は滅多にいません。練習場でも「オレは今日、1時間で２５０球打った」と自慢する人はいても、「オレは今日、1時間で20球しか打たなかった」と自慢する人には、未だお目にかかったことはありません。

他方、実際のゴルフ場でのプレーはどうでしょう？　プレーフィが1万円のコースでプレーした場合、１００を叩く人は90を出すことを望み、90で回っている人は80を目指しているはず。ゴルフは打数をいかに少なくするかを競うもので、どんなゴルファーも例外なく、「上達＝1球あたりの単価を上げる」ことを真剣に望み、それを実践しようとする。1球あたりの単価を下げることを（大叩きすることを）自慢する人はまずいません。

察しのいい人はもうお分かりでしょう。そうです、「上達したい」「ゴルフが上手くなりたい」と本気で考えているならば、練習と本番とで自分のやっていることが逆になるのは避けるべき。逆なことを続けるほど、「練習のための練習」になるし、「練習場シングル」にもなりやすい。ゴルフの目的が1球あたりの単価を下げること（打数を減らすこと）ならば、練習においても1球あたりの単価を下げることを意識すべきです。そうした方が、「練習で打てたショットが、コースで打てない」とか、「練習場では気楽に打てるのに、コースに出たらプレッシャーがかかって上手く打てない」などの問題を克服できます。また、1球当たりの単価を上げることを意識すれば、練習では何をすべきで、何をすべきでないかも分かってきます。

やるやらないは皆さんの自由ですが、例えば、1時間１０００円の練習場で「1球だけ打って帰る」というのを一度でいいから試してみて下さい。1球１０００円です。高いですよ～（笑）。ものすごく贅沢、ものすごく勿体ない練習ですが、1時間で200球打った時には絶対味わえないプレッシャーを体験できます。人によってはコースに出た時よりも緊張するかも知れません。「練習場は気楽に打てるのに……」なんて言ってる人も、そんな軽口は絶対に叩けないはずです。

大事なことなので繰り返しますが、ゴルフの本質は「1球当たりの単価を上げること」。それがゴルフの本質ならば、練習でも「1球当たりの単価を上げる（下げない）こと」をはっきりと自覚し、そして実践すべきです。

もちろん、正しいスイングを身に付けるには質だけでなく量も必要です。でも、「練習量＝たくさんボールを打つこと」ではありません。

1球当たりの単価を下げないで、練習量を増やす方法については次回じっくり説明しましょう。

②ボールを打ってもスイングは良くならない。

前回、打ち放題の練習場に行くのは「ゴルフ上達」のためには得策ではないとハッキリ書きました。大事なことなので繰り返しますが、打ち放題に行くと大半のゴルファーは１００球よりは１５０球、２００球よりは３００球という風に、一定時間内に数多くのボールを打とうとします。1時間打ち放題で、１０球だけしか打たない人はまずいません（笑）。

恐らく、本書を読んでいるゴルファーの中にも、沢山のボールを打つことが練習の主目的になっている人がいるのでは？　ボクの周りにも「今日は５００球も打った！」なんて球数（練習量）を自慢する人も少なからずいます。

言い換えると、球数を増やせば「自分のスイング」を築けると思っていたり、悪い癖が矯正されると思っている人が圧倒的に多いはずです。

しかし現実はどうでしょう？

10年前ぐらいから打ち放題の練習場が増えましたが、アマチュアのハンデキャップが大幅に減ったとか、シングルの数が増えてきたという声は聞かれません。１０年前に比べるとクラブはかなり進化し、プロ、アマチュアを問わず飛距離は確実に伸びています。にもかかわらず、昔も今も「１００がなかなか切れない」「ハンデ10の壁を乗り越えられない」で悩んでいるゴルファーが巷に溢れています。また、スライスやチーピンに悩んでいる人の数も相変わらずです（その証拠に、大半のゴルフ雑誌は、100切り、脱スライス、脱チーピンといったレッスン記事が非常に多い）。

打ち放題の出現でゴルファーの球数（練習量）が増えたのに、上手くならないのはなぜでしょうか？球数（練習量）を増やすことと、スイングを良くすることの間には因果関係が無いからです！

ボールをたくさん打ってスイングが良くなる（上手くなる）人もいますが、そういう人は非常に希なケース。大抵の人は、たくさん打てば打つほど、悪いスイングが定着化します（癖になります）。理由は単純、ボールを打てば、打った直後に結果が見える。このため、スイングを変えることよりも、ボールをちゃんと打ちたい（芯で捕えたい）ことに意識が向かうからです。空振りしていいからとか、チョロを10発続けてもスイング（動き）を変えようとする人は、まずいません。

具体的に言うと、アウトサイド・イン軌道でカット打ちする人は、ボールを打てば打つほどアウトサイド・イン軌道でカット打ちする度合いが定着されます（プロ、インストラクターについて習っている人、自分のスイング画像を定期的にチェックし、客観的に分析できる人を除き）。アナライズには1000人以上のアマチュアのスイングが保存されていますが、練習量の多さとスイングの習熟度はほとんど比例していません。むしろ、ボールをたくさん打っている人ほど、スイングに重大なエラーを抱えている場合があったりします。

前置きが長くなってスミマセン。

では、どんな練習をすれば上達につながるのか？

例えば、テークバックでヘッドがインに動き過ぎるのが原因で、トップでシャフトがクロスしているのならば、ボールを打つことよりも素振りをして下さい。それもただ素振りをするのではなく、自分のやっていることが正しいかどうか客観的にチェックしながら（ビデオやデジカメでチェックする）。

当たり前過ぎて拍子抜けしたかも知れません。しかし、ボールをたくさん打つことよりも素振りした方がスイング（動き、形）を変えられます。1時間で200球打つだけのエネルギーがあるならば、1時間100回でいい。新しい動きを身につけるための素振りを真剣にして下さい。そして最初と最後のスイングを見比べ、どれぐらい動きが変わっているか客観的にチェックする（これがものすごく大事！）。

察しのいい人は、もうお分かりでしょう。

そうです、練習で一番大事なことは練習前と練習後、いわゆる「ビフォー、アフター」で明確な差を出すこと。例えば、テークバックでヘッドがシャフトプレーンよりも30センチ、インサイド方向に外れているならば、練習後にはヘッドはプレーンから外れる度合いは20センチになっている。練習前と練習後で、「スイングをどれだけ変化させられるか」が、本当の意味での練習。そして、これが上達につながるし、努力が報われることになるのです。

もちろん、正しいスイングを身につけるには素振りの仕方にもそれなりの工夫が必要です。上達につながる素振りの仕方については、次でじっくり説明しましょう。

③正しい素振りの練習法。

前回は素振りの重要性について説明しましたが、今回もその続きです。大事なことなので何度でも繰り返しますが、ゴルフはボールをたくさん打っても上達しません。ボールをたくさん打てばそれなりに当るようになりますが（まったく何もしない人に比べれば）、それなりです。たくさん打つことでシングルになる人もいますが、非常に希です。どこの練習場にも「あの人、毎日ボールを打っているよね」という常連さんがいますが、腕前はどうでしょう。その常連さんが練習場で一番上手いってことも非常に希なはずです。

他方、前回も説明しましたが、素振りで形をちゃんと作る練習をすれば、練習すればしただけスイングは綺麗になります。綺麗と言う言葉は抽象的なので、正確に言うと、シャフトプレーンに沿った、プレーン感のあるスイングを作ることができます。

もちろん、ただ闇雲に素振りすればいいわけではありません。回数にこだわるのも避けて下さい。10回よりも20回、20回よりも50回、50回よりも１００回……。回数にこだわると正しい動きを身につけることよりも、回数をたくさんこなすことが優先順位の一番になります。結果、「数をこなせば何をやってもいい」という勘違いが生じやすくなるのです。

で、３回目のテーマも正しい素振りについて。

素振りをする場合、実際にボールを打つような感じでクラブを振る方法と、部分、部分を止めてクラブを振る方法があります。正しいスイングを身につけるには部分、部分で止めながら素振りして下さい。部分、部分の形《かたち》を意識した方が、間違い（悪い動き）を矯正しやすいからです。

ゴルファーがスイング中にチェックすべきポイントは

①アドレス
②テークバック
③トップ
④ダウン
⑤インパクト
⑥フォロー
⑦フィニッシュ

全部で7つ。7つのポイントで正しい形《かたち》（型《かた》）を覚えれば、特別な才能がなくても誰でも70台で回ってこれます。プレッシャーに弱い人でも、正しい形（型）がちゃんと身につけばシングルになれます。リズムやタイミングというのは、プロでもプレッシャーがかかれば簡単に狂います。

タイガー・ウッズや石川遼クンでも優勝争いをしている時はプレッシャーがかかり、そんな時は切り返しのタイミングが早くなっています。他方、いったん覚えた形（型）というのは、プレッシャーがかかっても変わりづらい。例えば、トップで左ひじがピンと伸びている人ならば、プレッシャーがかかっても左ひじがガクンと曲がったりしません。形（型）はゴルファーを裏切らないのです。

それだけではありません、形（型）がちゃんとできていれば、リズムやタイミングが狂ってもミスの度合いが少ないのです。プレーン感があるスイングをしていれば（プレーンから大きく外れるスイングに比べて）、リズム＆タイミングが狂った時でもヘッドの軌道が狂う度合いが少なく、ナイスショットとミスの差が少なくなります。ミスした時でもボールが曲がりづらくなるので、スコアの浪費を確実に減らせます。

日本では「型《かた》に嵌《は》める」というのは、あまり良い意味で使われません。しかしながら、練習できる時間が限られるアマチュアこそ、徹底的に形（型）にこだわった方が、努力が確実に報われます。遠回りしません。

具体的な形（型）作りついては次回からじっくり説明していきますが、形（型）づくりで重要なヒントを握っているのは筋肉ではなく、関節の使い方です。まずは手首とひじの関節を正しく使うこと。そのためには、ゴルファーの大多数が正しいと信じ込んでいる「両腕の三角形キープ」することを即刻、止めて下さい。正しい形（型）を身に付ける第一歩はここから始まります。

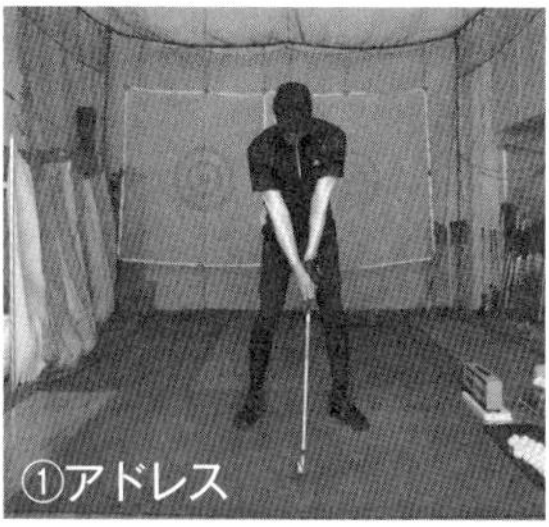

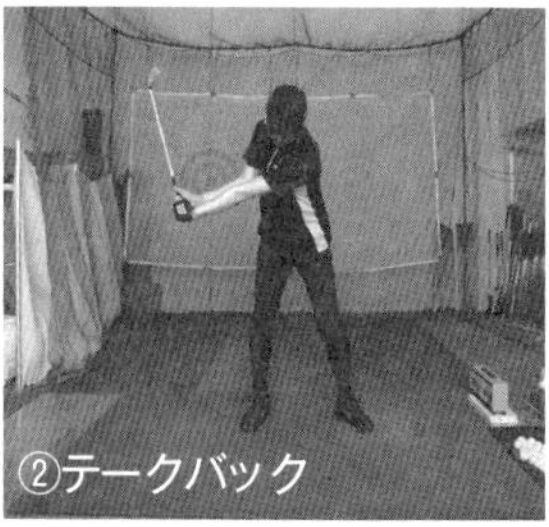

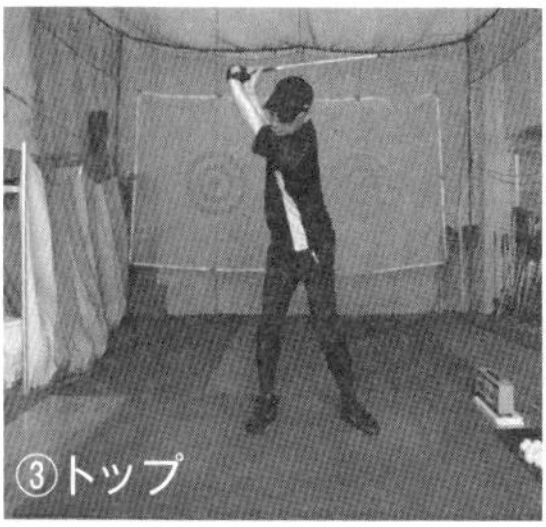

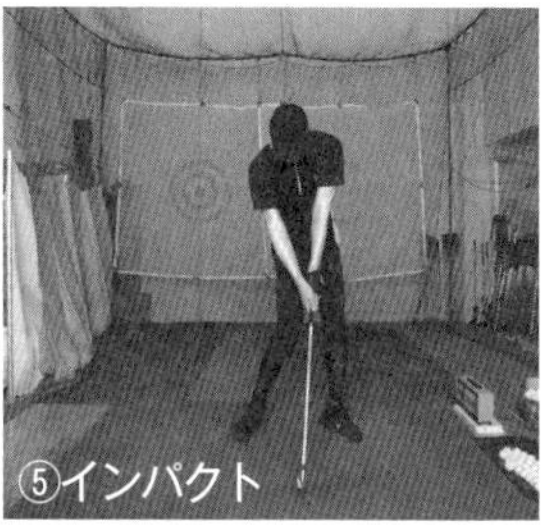

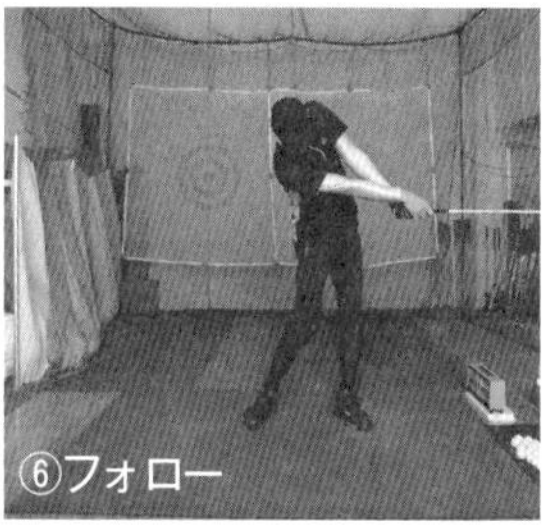

部分部分で止めながら行う素振りのチェックポイントはこの7つ。この7つのポイントで正しい形（型）を覚えることによって、プレッシャーがかかった場面でも崩れないスイングを作ることができる。

④テークバックでは始動とともに右ひじを曲げる。

前回、ゴルファーがスイング中にチェックすべきポイントは

①アドレス
②テークバック
③トップ
④ダウン
⑤インパクト
⑥フォロー
⑦フィニッシュ

全部で7つと書きました。7つのポイントで正しい形《かたち》（型《かた》）を覚えれば、大抵の人は70台で回ってこれます。プレッシャーに弱い人でも、正しい形（型）がちゃんと身につけばシングルになれます、と書きました。ボクが形（型）にこだわるのは、体に染みついた形（型）はどんな時でも裏切らないからです。逆に、リズムやタイミングというのは、ここ一番で狂います。タイガー・ウッズしかり、石川遼クンしかり。プロでも

プレッシャーがかかれば簡単に狂います。

では、どこをどう意識すれば正しい形（型）が身につくのか？

ひとつめのポイントはテークバック。

テークバックの形（型）を上手く作るコツは右ひじの使い方にあります。テークバックでは「両腕の三角形をキープ」するというセオリーがありますが、これは絶対にやらないで下さい。そんなことを意識すると左ひじだけでなく右ひじも伸びたままになるだけ。これではヘッドをスイングプレーンに乗せることはできません。

「両腕の三角形」を意識するほど、インサイドにヘッドを引き過ぎたり、アウトにヘッドが上がってしまいます。また、「両腕の三角形」を意識するほど右ひじが突っ張ってしまい、クラブが上がりづらくなる分だけ、体が右にスエーしたり、トップ付近で左ひじがグニャッと曲がりやすくなります。

テークバックでは始動部分で右ひじを少し曲げる（少し引く）ことを意識して下さい。右手でタンスの引き出しを引く時、右ひじを少し曲げますよね。この動きをスイングに取り入れて下さい。これだけでクラブは正しい軌道に乗りやすくなり、正しい形（型）を作ることができます。

コツにしては簡単過ぎて拍子抜けしたかも知れませんが、これが正しい形（型）作りの基本であり極意です。ただし、注意して欲しいのは右ひじを動かし過ぎないこと。右ひじを動かす量はごくわずかでOK。右ひじが体に触れるか触れないかぐらい引いて下さい。

もし右ひじを引く（右ひじを曲げる）感じがつかめないようならば、ヘッドを肩の高さまで持ち上げ、水平素振りをしてみるといいでしょう。体の正面で腕を肩の高さまで持ち上げたら、両腕を伸ばして構えます。この時点では「両腕の三角形」を作って下さい。そしてここからクラブを水平に動かす。テークバックの始動とともに、右ひじを少し引く（少し曲げる）こと意識すれば、クラブを水平に振っていきやすいはず。そして、やってみれば分かりますが、右ひじを引いたのに連動して手首のコックを入れていけばいいのです。

もうひとつの注意点は、テークバックでは右ひじは曲げても、左ひじは絶対に曲げないこと。左腕はピンと伸ばしておくことも重要なポイントです。そうです、左右のひじ（腕）は同じように動かさないことも正しい形（型）を作る上で不可欠なのです。

形（型）作りで重要な鍵を握っているのは筋肉ではなく、骨（関節）の使い方です。よくモノを覚えるには「コツ」があると言いますよね。「コツ＝骨」なんです。ホント、ダジャレみたいですけどドイツ語でも運動を覚える「コツ」に当たる言葉も「骨」なんだそうです。

テークバックは「最初の30センチが大事」だと言われますが、この30センチを決めるには右ひじを少し曲げる（少し引く）こと。自分の感覚ではなく、ビデオやデジカメを使って、右ひじの動きとクラブの軌道をチェックしながら練習して下さい。「両腕の三角形」をキープするよりもクラブの軌道が良くなるだけでなく、体をスムーズに、かつ効率よく動かせるようになってくるはずです。

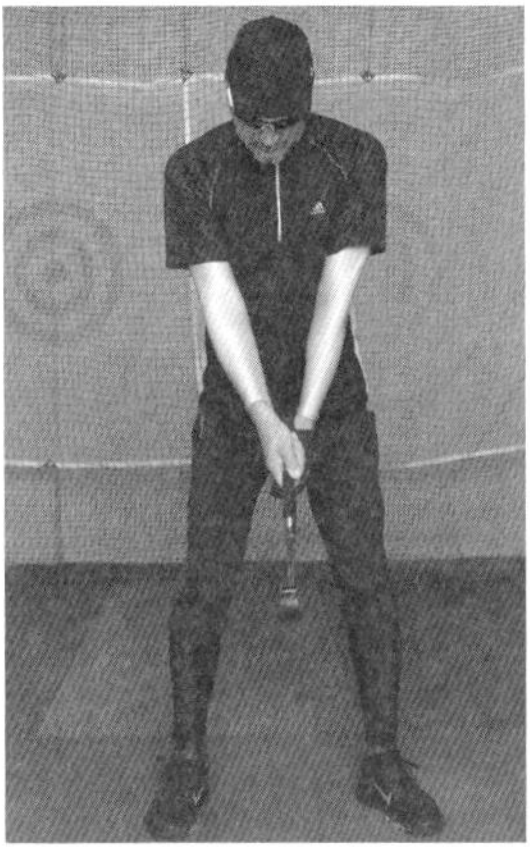

正面から見たところ。手首の変化に注目。

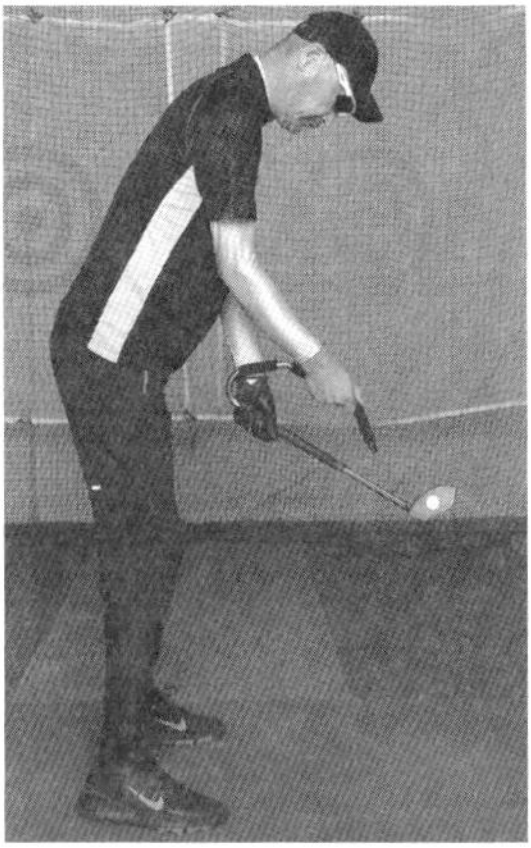

アドレスの右ひじ。動きがわかりやすいように練習器具「ゴルフの竪琴」を使っている。

右ひじを後方に引くと同時に、左手首のコックが入ることがよくわかる。

テークバックは右ひじをわずかに曲げる（後方に引く）ことから始める。これでプレーンに乗せる事ができる。やり過ぎは禁物。

テークバックで両腕の三角形をキープすると、このようにプレーンから外れやすく、手首のコックも入れる事ができなくなる。さらに体も回らなくなり、スイングのスタートでつまずいてしまうのだ。

右ひじの動きを普通にスイングしながら覚えるのはとても難しい。そこでオススメしたいのが水平素振り。両腕の三角形をキープしていたら、上手く振れないはずだ。

⑤スイングをチェックする時は外側の目を使う。

前回はテークバックについて説明しました。大事なことなので繰り返しますが、スイングの形《かたち》（型《かた》）作りで重要な鍵を握っているのは筋肉ではなくて、骨（関節）の使い方。骨（関節）の動きで正しい形（型）を覚えると、筋力に頼らなくてすみます。結果、力まないでスイングできますし、筋力に頼らないですむ分だけ、歳をとっても同じスイングができるメリットがあります。

で、今回はトップの型（形）についてお話するつもりでしたが、その前に大事なことを言い忘れたので、それについて説明させて下さい。それは、形（型）をチェックする時に自分の感覚に頼るのは禁物。必ず、客観的な方法に頼って下さい。具体的に言うと、デジカメ、ビデオ等の動画を利用し、スイングの形（型）がどんな風になっているかを自分の目で確認することです。

なぜ、自分の感覚に頼ってはいけないのか？

それを説明する前に、ちょっとした実験をやってみましょう。道具は何も必要ありません。鏡や窓ガラス（自分が写って見える）前で両足を揃えて立ったら目を閉じます。そして目を閉じた状態で両腕が地面と水平になるように、腕をピンと伸ばしましょう。腕を伸ばしたら目を開いて、両腕がどんな高さになっているかチェックしてみて下さい。

察しのいい人はもうお分かりでしょう。

そうです。自分では地面と水平に両腕を保っているつもりでも、大抵の人は左手の方が高かったり、右手の方が高かったりすることがめずらしくありません。高さが揃わない理由はいくつかありますが、大抵の人は、「自分の感覚と実際の形（型）にズレが生じやすい」のです。

もうひとつ理由があります。ゴルフのスイングを評価する場合、その評価基準となる目（レンズ）の位置は自分の目ではなく、自分の外側にあります。スイング軌道をチェックする場合は、飛球線の後方です。このため、自分の目からどう映るかを基準にして練習するよりも、外側の目からどう見えるのかを確認した方が、イメージと実際の動きとの間に「ズレ」「錯覚」「勘違い」のたぐいを確実に減らせるからです。

例えば、自分ではヘッドを真っ直ぐ引いているつもりなのに、デジカメでスイング画像を撮ったらヘッドが極端にインサイドに上がっている……。ゴルフにおいてはこういうエラーが生じやすいです。エラーの原因は自分の感覚、自分の目線に頼っているからです。外側の目でチェックしていないから、「大きな勘違い」が発生していることに気づかないのです。

練習しても上手くならない……。何年やってもスライスが治らない……。こういう負のスパイラルに陥っている人を見ていると、自分の感覚に頼り過ぎ、外側から自分のスイングを分析することをほとんどやっていません。メンタルバリアーが非常に高いです。逆に、短時間で上達する人を見ていると、自分の感覚ではなく、客観的な視野を持っています。そして、違和感に対して非常に柔軟でメンタルバリアーが非常に低い。この差が、上達の差になっているとボクは見ています。

ゴルフに運動神経がどれぐらい必要なのかは分かりませんが、自分の感覚に頼らないで客観的に自分を分析する。これをちゃんとやれば、練習しても上手くならない、なんてことは絶対にならないでしょう。

「外側の目」として積極的に活用したいのがビデオ。自分の感覚と実際のズレを矯正できる。

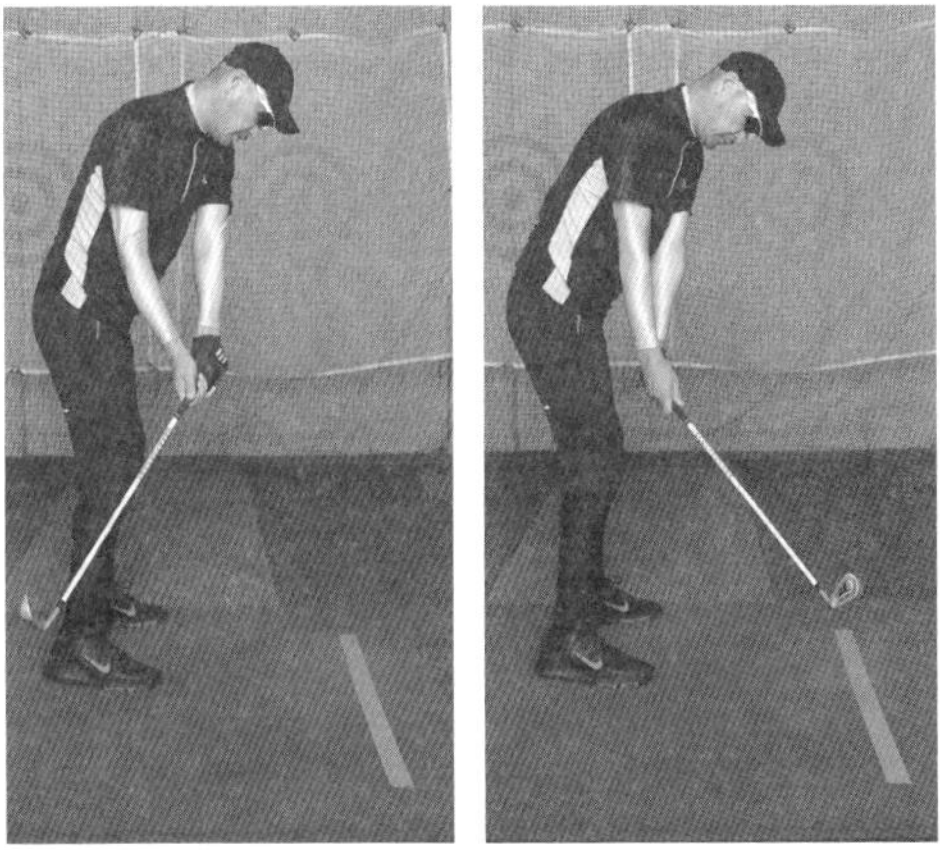

地面にガムテープなどを貼ってテークバック。これも自分の感覚のズレを矯正するいい方法だ。

⑥スイング作りは大は小を兼ねない。

前回はテークバックについて自己客観視の重要性について説明しました。練習しても上手くならない……、何年やってもスライスが治らない……。こういう負のスパイラルに陥っている人を見ていると、自分の感覚に頼り過ぎ、外側から自分のスイングを分析することをほとんどやっていません。メンタルバリアーが非常に高いです。

逆に、短時間で上達する人を見ていると、自分の感覚ではなく、客観的な視野を持っています。そして、違和感に対して非常に柔軟でメンタルバリアーが非常に低い。この差こそが、上達の差になっています。

そしてもうひとつアマチュアの上達を阻んでいる壁があります。それは、「大は小を兼ねる」という感じで練習していることです。具体的に言うと、多くのアマチュアは練習時間の大半をフルショットに費やしています。ドライバーばかりを振り回す人は多くないと思いますが、大抵は7番アイアンのフルショットとかでスイングを作ろうとしている。小さくまとまったり、手打ちにならないようにするために……。

しかし、フルショットばかりの練習は「費用対効果」は決して高くありません。誤解を恐れずに言うと、漠然とフルショットの練習を500球打つのと、小さいスイングとか、部分のチェックを意識しながら100球打つのとを比較するならば、後者の方が「費用対効果」が高いし、練習すれば練習しただけ上達できます。何故かと言うと、小さいスイングや部分のチェックを意識した方がごまかしが効かないから。自分がいい動きをしたのか、悪い動きをしたのかをセルフチェックしやすいし、正しい動きを身に付けやすいからです。ただし、これらの練習は、クラブをビュンビュン振りまわしてボールを打つのに比べると練習をエンジョイできません。単調かつ反復練習。そしてボールを遠くに飛ばすのとは逆のベクトルなので、練習時のモチベーションも上げづらい。面白いか、面白くないかと聞かれたら、面白くない練習です。

でも、面白くない練習を避けてばかりでは「ザルで水をすくう」のと同じ。ボールを沢山打つことによる達成感は得られても、自分の欠点を修整したり、正しい動きや形を身に付けることは非常に難しいでしょう。言い方を変えると、面白くない練習を面白いと思えるかどうかが、ゴルフ上達の鍵を握っていると言っても過言ではありません。

では、どんな面白くない練習をすれば「投資効果が上がる」のか？

まずはハーフショットです。クラブは7番でも9番でも構いませんし、アプローチウエッジでも構いません。振り幅は腰から腰まで。テークバックはシャフトが地面と平行に達するまで、フォローもシャフトが地面と平行に達するまでを心がける。このハーフショットをした時に、クラブの軌道、そして体の使い方をチェックしながらボールを打って下さい。遠くに飛ばす必要はまったくありません。ボールを遠くに飛ばすことよりもクラブがプレーンに沿って動いているのかどうか。手首、関節を正しく使えているのかどうか。体重移動、体の大きな筋肉をちゃんと使ってスイングできているかチェックすることです。

具体的に言うとテークバックでは、

①アドレス時のシャフトの角度（シャフトプレーン）に沿ってヘッドが動く
②フェースの向きは前傾した背骨とほぼ平行
③手首のコックができている（左腕が伸びていて、右ひじが曲がっている）
④左手の上に右手が位置している。
⑤体重が少し右に移動している
⑥前傾に対して肩が水平に回っている

ことをチェック。

ダウンスイングでは、

①下半身からダウンを開始
②手首のコックを保っている（左腕が伸びていて、右ひじが曲がっている）
③シャフトプレーンにそってヘッドが動く

ことをチェック。

インパクトでは

①体重がやや左に乗っている
②腰がやや開き、肩はほぼ正面を向いている
③ややハンドファーストでボールを捕える
④頭の位置はアドレスの位置をキープしている

ことをチェック。

フォローでは

①体重が左に移動している
②アドレス時のシャフトの角度（シャフトプレーン）に沿ってヘッドが動く
③体がしっかりターンしている（胸が目標方向を向く）
④手首のコックがリリースされている（右腕が伸び、左ひじが少し曲がっている）
⑤左手の上に右手が位置している（フェースのトウが斜め上を向く）

ことをチェック。

チェック項目が非常に多いですが、一度に全部やる必要はありません。打ちながらあれこれ考える練習も時には必要ですが、練習器具やドリルを利用すると、これらの動きを身につけやすくなります。

次回は、スイングづくりに役立つ効果的な練習器具についてお話しましょう。

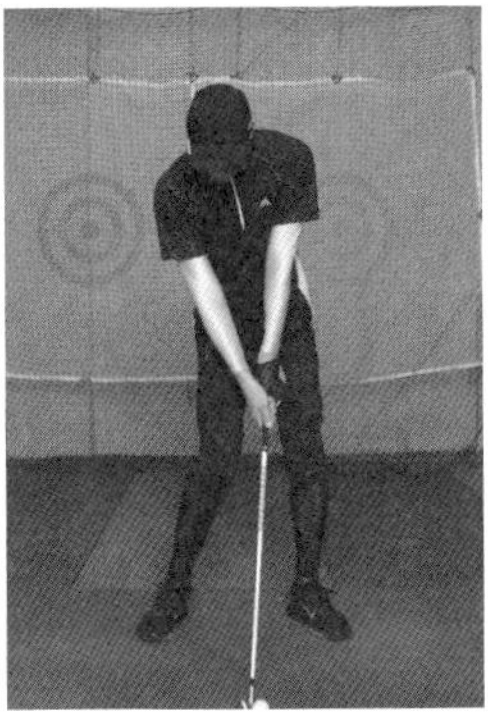

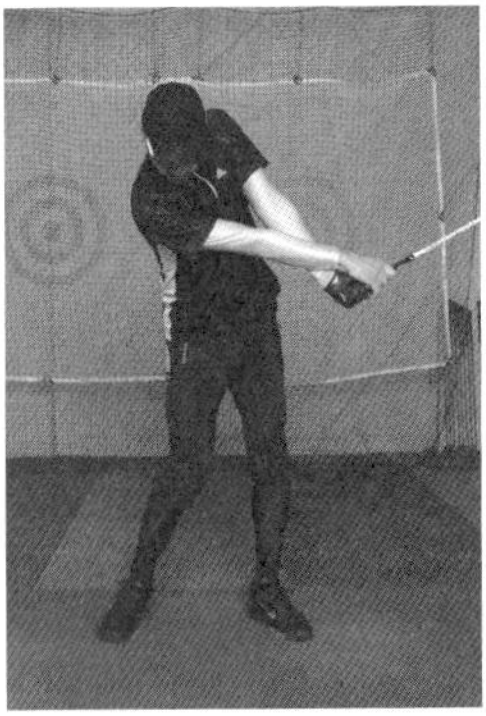

ハーフショットの小さい振り幅の中で、本文中で挙げたポイントでしっかりと型を作る。フルショットではなかなか身に付かない。

⑦ゴルフは型に始まり型に終わる。

前回、アプローチのスイングの正しい形《かたち》（型《かた》）について説明しました。アプローチはボールを遠くに飛ばす必要がありませんが、正しい形（型）で打つことを覚えればフルスイングにも好影響が出るからです。

対して、例えばアプローチをカット打ちしている場合、それはスイングにも悪影響が出やすくなります。アプローチでカット打ちする癖がついていると、フルショット時もインパクトゾーンでヘッドがアウトサイド・イン軌道に動きやすくなるからです。フルショットはインサイド・イン軌道、アプローチはアウトサイド・イン軌道と打ち分けるのも「あり」ですが、それを身に付けるにはかなりの時間と労力が必要です。アプローチもフルショットも同じ打ち方にした方が、スイングがシンプルになりますし、ミスが出る要素を減らせるとボクは思っています。実際、ツアープロのスイングをみても、力のある選手の大半はアプローチのスイングとドライバーのスイングに大きな差はありません。どちらも、しっかりボールを捕まえるようなスイングをしています。

さて、今回のテーマは練習器具の使い方についてです。

今、ボクが積極的に使っている練習器具は「ゴルフの竪琴」。アナライズのホームページでも大々的に宣伝しているのでご存じの人も多いと思いますが、この器具の特徴は右手と左手の持つ場所が違うこと。短いクラブのシャフトがアルファベットのUの字のようになっており、フェースが目標を向くようにセットしてグリップすると、「左手は下、右手は上」に位置します。このおかげで、普通にグリップした時では分かりづらい「右手と左手の位置関係」が視覚的、感覚的、直感的に分かります。これによりテークバックでは手首を正しくコックする感覚、そして右手と左手の正しい運動方向を短時間でマスターできます。

具体的に言うと、テークバックでは

アドレス時のシャフトの角度（シャフトプレーン）に沿ってヘッドが動く

これが非常に大事な形（型）ですが、シャフトプレーンに乗せるコツは、右ひじと手首のコックにあります。始動とともに右ひじを少し手前に引き（タンスの引き出しを引くような感じ）、そして左手を下げ、右手を引き上げることでヘッドを持ち上げていく。普通のゴルフクラブだとこの動きを理解するのは難しいですが、竪琴を使うと簡単にできます。竪琴グリップで握ると、右手と左手が離れていて、なおかつ右手が左手よりも高い位置にあります。このため、アドレスでは右ひじが左ひじよりも15～20センチ高い位置にあって、右ひじがピンと伸びた感じになります。結果、右ひじを伸ばしたままだと途中で詰まった感じになってクラブが上がりません。右ひじを引いた方がテークバックしやすいことが分かるからです。

また、右ひじを引いた時に、左手を下げてヘッドを持ち上げるようにすると手首のコックが決まります。要するに、竪琴で練習すれば、左右の手が反対方向に動くことが正しい形（型）につながることが分かり、また、そうすることが正しい形（型）を作ることが分かるのです。

言い換えると、両手の一体感とか、両腕の三角形をキープするという「ゴルフのセオリー」はかなり危険なアドバイス。これを意識するとテークバックで手首をコックするのが遅れますし、トップで左ひじがグニャリと曲がりやすくもなる。また、ヘッドはシャフトプレーンよりもインサイドに上がりやすく、それを嫌がるとアウトに上がり過ぎる過ちを犯しやすくなるのです。

右打ちの場合、ゴルフクラブを握ると左手の前に右手が位置します。でも、アマチュアゴルファーの大半は、テークバックが始まった途端、その位置関係が頭からすっぽり抜け落ち、それが原因で形（型）が崩れたスイングになっています。そして形（型）が崩れた状態で、なんとかスイングを改善しようとして練習場で大量のボールを惜しみなく打っています。

竪琴の効果は他にも色々あって、例えば、トップで左ひじがグニャリと曲がるのを矯正するのにも大いに役立ちます。テークバックの前半で右ひじを体に引きつけ、左手を下げて左手をピンと伸ばすようにすれば、左腕がピンと伸びて、右ひじが適度（90度前後）に曲がります。伸びる腕と曲がる腕をちゃんと作れば、トップまで左腕を伸ばしやすくなって張りのある力強いトップが作れますし、オーバースイングにもならないのです。

大事なことなので繰り返しますが、ゴルフは両手、両腕を同じ方向に動かさない（使わない）ことが極めて重要なんです。そしてスイング中、左手の上に右手が位置している感じがつかめると、それにともなってクラブはシャフトプレーンに沿って動くようになってくるのです。その証拠と言っては何ですが、生まれて初めてゴルフをする人も、竪琴を最初に振れば左腕がピシッと伸びたトップを作ることができてしまうのです。

竪琴の使い方については文章で中々分かりづらいところもあります。竪琴にはＤＶＤが付属しているのでそれを何度もしっかり見て、自分の動きと比べて下さい。一生役に立つスイングを身につけたいならば、是非是非、ボールを打つことよりも竪琴を振って下さい。右手と左手の正しい使い方の違いが分かれば、ゴルファーの抱える悩みの50％以上が解消できます（「ゴルフの竪琴」については80頁をご覧ください）。

次回もテークバックについてお話します。

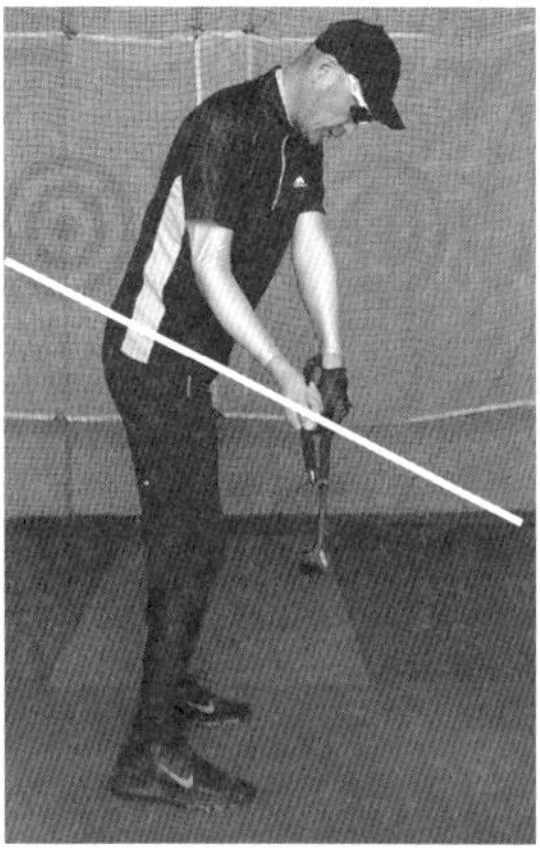

正しい腕の使い方ができないと、ヘッドがシャフトプレーンを外れ、極端に上に行ったり下に行ったりしてしまう。

クラブを構えたときにできるシャフトプレーン。このラインに沿ってヘッドを上げていくのが正しい軌道。

「ゴルフの竪琴」のヘッドに重いものを引っ掛けて、テコの要領で持ち上げると手首のコックの動きが理解できる。

「ゴルフの竪琴」を使って正しい左右の腕の使い方を覚えると、ヘッドが正しい軌道（シャフトプレーンに沿って）で上がっていく。

⑧スイングには表と裏がある。

ドライバーで250ヤードを打つのと、1メートルのパットを打つのとではどちらの方がやさしいのか？
こう聞かれれば、誰もが1メートルのパットの方が簡単と即答するでしょう。ドライバーと違ってパットはボールを遠くに飛ばす必要がありません。振り幅も小さいから簡単。実際、生まれて初めてゴルフをする人でも、何度か練習すれば1メートルのパットを沈めることはできます。

では、なぜパットはドライバーよりも簡単なのか？

飛ばさなくていい、振り幅が小さいというのも事実ですが、実はドライバーよりもパットが簡単に打てる理由はもうひとつあります。それは、クラブの位置が「表」のままでいいからなんです。他方、ドライバーショットがパットよりも難しいのは、フルスイングにおいてはクラブの位置が「表」のままでは打てません。「表」と「裏」を上手く使い分けないと、クラブは正しい軌道に沿って動かないし、上手く体を使うこともできないからです。

では、「表」と「裏」とは一体何か？

飛球線後方からスイングを見て下さい。ドライバーでもパットでも、アドレスした時、クラブヘッドは手元よりも外側（体から遠い側）にあります。クラブにはライ角度があるからですが、これがクラブが「表」の状態です。そして、パットにおいては、テークバック、ダウンスイング、フォローにおいてクラブが「表」

の状態がキープされています。手元とヘッドの位置関係が変わりません。このため、ゴルフの経験がまったくない人でも、手元とヘッドを真っ直ぐ動かすことを意識すれば、ほぼ自分のイメージ通りクラブを動かせますし、イメージした方向にボールを打ち出すことができます。

他方、ドライバー(アイアン)のスイングの連続写真をご覧になって下さい。アドレスからハーフバック(グリップが右腰辺り)までは、パット同様、クラブは「表」の状態がキープされています。しかし、そこから先はどうでしょう。テークバックの途中からは手元とヘッドの位置関係が逆転し、手元よりもヘッドの方が背中側に位置します。これがクラブが「裏」の状態です。そして、付け加えると、ダウンの途中までは「裏」の状態がキープされ、ダウン後半からインパクトにかけては再び、「表」の状態に戻ります。

そうです、フルスイングの時は、テークバックではクラブを「表」から「裏」に回りこませ、ダウンからインパクトにおいては「裏」に回り込んだクラブを再び「表」に戻す動作が必要不可欠。これが上手くできないと、クラブは正しい軌道に沿って動いてくれませんし、体をちゃんと使うことも困難になってくるのです。初心者がドライバーを上手く打てないのは、この「表」と「裏」の転換が正しくできないからなんです。

前置きが長くなってしまいましたが、今回のテーマである「テークバック」においての重要事項はもうお分かりでしょう。そうです、テークバックを失敗している人の大半は、この「表」と「裏」がちゃんと使い分けられてません。ヘッドを急激にインに引く人の多くは、テークバックで「表」の時間が短過ぎる。自覚するしないにかかわらず、始動直後にクラブを「裏」に回し込んでいます。逆にヘッドがアウトに上がり過ぎる人の場合、大抵はクラブが「表」にいる時間が長過ぎています。

スイングには個人差がありますが、「表」と「裏」が切り替わる目安となる場所は、グリップが右腰あたりに達した位置。グリップが右腰あたりに達するまではクラブは「表」の状態をキープ。そしてグリップが右腰辺りを過ぎた時にはクラブは「裏」に回り込んでいる。これが正しいテークバック。そして「表」と「裏」を切り換えるには、手首のコックが不可欠です。プロの中には「手首のコックを意識するな」というレッスンをする人もいますが、これはあくまで感覚的なモノ。もしくは手首を使い過ぎる（すぐに裏に回り込んでしまう）人への戒め的なアドバイスです。それを勘違いして、額面通りに「ノーコック」を意識してテークバックをすると、クラブを正しい軌道に乗せるのが困難になってしまうだけでなく、体（関節）を正しく使うことも難しくなります。

ちなみに「最初の30～50センチはヘッドを真っ直ぐ引け」というアドバイスは、「表」の状態をキープするためのアドバイスです。スイングは円運動だと言われていますが、始動後50センチぐらいまでは、手とヘッドは真っ直ぐ後ろに引かれる、「表」の状態をキープすることで、クラブはプレーンに沿って正しく動きます。

そして、ここからが大事なポイントですが、「表」から「裏」のシフトは、自然にできる人もいれば、自然にできない人もいます。自然にできる人にとっては手首の「コック」を意識する必要はありませんが、スムーズにできない人は手首の「コック」を意識した方が、「表」から「裏」へのシフトができます。

具体的に言うと、ヘッドと手元を50センチ程度真っ直ぐ引いたら、そこからは左手を下げて、右ひじを体に引きつける。この動きによって手首をコックしてヘッドを持ち上げていきましょう。ヘッドを持ち上げた時に、左手の上に右手が位置しているように心がけ、ヘッドを持ち上げた時（手首をコックした時）、グリップエンドの延長線がボールの少し手前を指すようにして下さい（飛球線後方から見て）。

左手の下げと右手の引き上げについても、普通にクラブを振るよりも、ゴルフの竪琴を使って練習した方が分かりやすいですし、動きを勘違いしないですみます。一生役に立つスイングを身につけたいならば、是非是非、クラブが「表」にあるのか、「裏」にあるのかを意識しながら練習して下さい。「表」と「裏」をちゃんと使い分けることができれば、テークバックの悩みの80％以上は解消できるでしょう。

次回もテークバックについてお話しします。

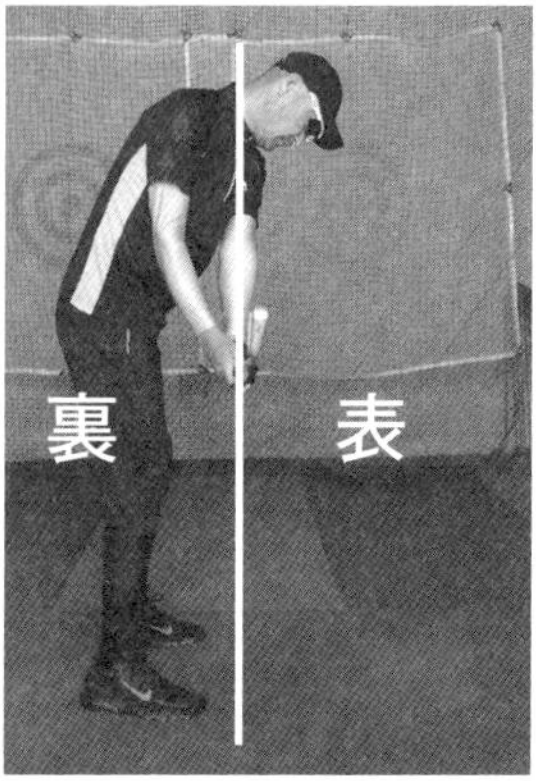

クラブが地面と平行になったあたりが「表」と「裏」の切り替え点となる。

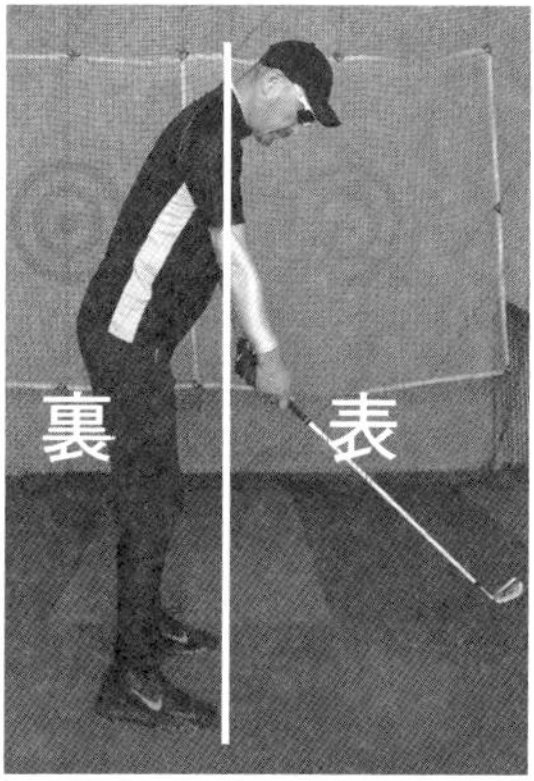

アドレスからテークバック前半はクラブが「表」の状態。この間は目に見える。

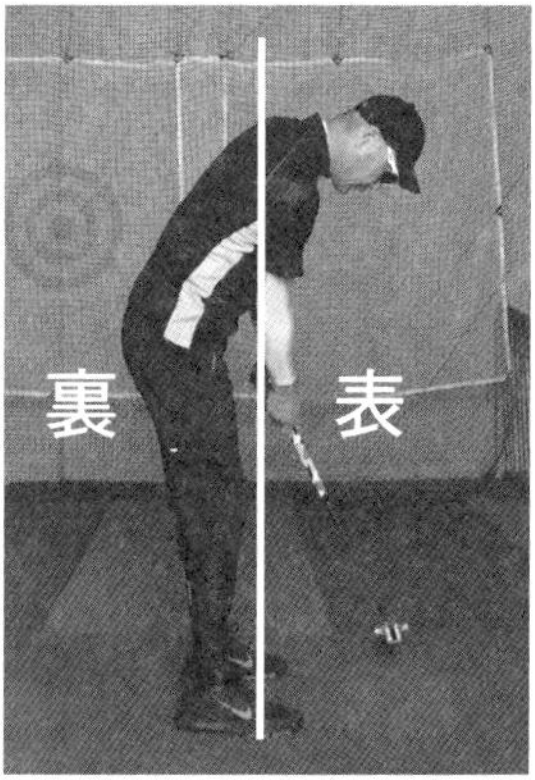

パッティングはトップからフィニッシュまで、クラブが常に「表」の状態にある。

テークバック後半からトップはクラブが「裏」の状態。この間は目に見えない。

⑨テークバックで左手は真っ直ぐ横に、右手は前後に動く。

前回、スイング中にクラブは「表」に位置したり、「裏」に位置すると説明しました。この「表」「裏」とは、体に対するクラブのポジションの違いを言葉にしたものです。初めて耳にした人も多いと思いますし、今ひとつ意味が分からなかった人も多かったかと思っています。ゴルフ雑誌ではほとんど紹介されていないので、戸惑った人も多いでしょう。本書で紹介したのは、クラブの「表」と「裏」をちゃんと理解することが、スイング作りの本質に迫れるからです。

さて、今回もテークバックにおける「表」と「裏」について説明しましょう。アドレスからハーフバック（グリップが右腰辺り）まで、クラブは「表」の状態をキープして下さい。飛球線後方から見た場合、右手の握りコブシは左手の握りコブシよりも外側をキープしているのが好ましい形です（アドレスの状態をキープしている）。

そしてハーフバック以降、クラブは「表」の位置から「裏」の位置に回り込み、トップへと向かいます。クラブが「裏」に回り込んだ時、握りこぶしの位置関係は逆転します。左腕が地面と平行に達したあたりで飛球線後方から見た時、右手の握りコブシは左手の握りコブシよりも内側をキープするのが好ましい形です。

これには例外はありません。ゴルフ雑誌をご覧になっていただければ、遼クンであれ藍ちゃんであれ、そしてタイガーだってそうなっています。

もう察しのいい人はお分かりでしょう。両手が同じ方向に動いたら、握りコブシの位置が逆転しません。また、両腕の三角形を維持しようとしても、握りコブシの位置は逆転しないのです。テークバックにおいては（ダウンスイングにおいても）、クラブの動きを正しくコントロールするためには、左手と右手の軌道が異なっていることが不可欠なのです。

では、どんな風に手（腕）が動けば「表」のポジションから「裏」のポジションにクラブを上手く持っていけるのか？

左手に関しては、ほぼ真っ直ぐ後ろに平行移動（手首をコックするため、始動直後は少し下がります）。右手に関しては、右ひじを引くことで右手を体に近づけていきましょう。感覚的には、左手はレレレのオジサンのように体の正面で真横に動き、右手はタンスの引き出しを引くような感じで動かしていきます。

言葉にするとすごく「ややこしい感じ」「複雑」になると思いますが、以下のドリルをやってみると、短時間で感じがつかめます。

左手はいつもの場所を握り、右手は左手よりも30センチぐらい離して握ってアドレスしたら、ヘッドを膝の高さぐらいに浮かせます。そして、その状態からテークバックしてみて下さい。両手を離してクラブを握ると、両手が同じ方向に動いたらクラブはトップまで上げられません。対して、左手は真っ直ぐ後ろ、右手は右ひじを引くことを意識して下さい。右腰あたりで握りコブシの位置が逆転するように心がけると、スッとクラブが上がっていくはずです。左手と右手が別々の軌道を描くことでクラブが「表」から「裏」に入れ替わり、それによりクラブもシャフトプレーンに沿って上がっていきます。

ちなみに、ゴルフの竪琴を使って練習すると、左手と右手の役割分担の違いが短時間でつかめます。竪琴の場合、両手を離すだけでなく、右手と左手が上下方向にも離れているからです。

ゴルフのグリップは左手と右手が縦に並んでいますが、この並び具合が実に微妙。左手と右手が20～30センチ離れていれば、アマチュアに多い「両手が同じ方向に動く」というエラーが発生しにくくなります。ほとんどの人は左手と右手の軌道の違いを何となく理解できます。スイング作りという点においては、両手を離して素振りした方が、正しい動きを身に付けることができるのです。ただし、両手を離したグリップにも欠点があって、この握りだとヘッドスピードがまったくもって上がりません。

次回は、アマチュアが勘違いしやすい手首のコックについてお話しましょう。

両手を離すスプリットハンドで握りテークバックすると、それぞれの手の動きが理解しやすくなる。

左手はほぼ真っ直ぐ後ろに平行に動かす。

右手はひじを引くことで体に近づけていく。

⑩癖と演技の違いについて。

12月28日ともなれば忘年会はほぼ終了、打ち納めゴルフのピーク時期でしょう。今年のアナライズの忘年ゴルフは29日。場所は千葉市民ゴルフ場。9ホールだけですが、ベントグリーンが非常に素晴らしい。距離は短いもののトリッキーなホールがひとつもありません。パー3以外ではドライバーがちゃんと打てます。新クラブ、新シャフトの試打にはうってつけなんです。

さて、今回はテークバックでの手首のコック、正しい手首の使い方について説明する予定でしたが、急遽、テーマを変更しました。というのも、メルマガ読者の皆さんに「1分1秒でも早く」お伝えしたいテーマがあるからです。

それは「癖と演技の違いについて」

演技？

ゴルフと演技（いわゆる芝居の演技）に何の関係があるのかと思うでしょう。実は、これが大ありなんです！　演技は役者が自分の身体を使って感情表現します。ゴルフはゴルファーが自分の体を使ってスイングしますよね。

そうです、演技もゴルフスイングも、どちらも自分が思考したことを自分の身体で表現するという意味では、まったく同じことなんです。

そして、どちらにも共通しているのが、上手くない役者、上手くないゴルファーほど、自分の思考と身体表現（演技、ゴルフスイング）のズレが大きい。ゴルフで言うならば、「頭では遼クンのようなスイングをイメージしているのに、実際のスイングでは似ても似つかない手打ち」なんてことがザラですよね。練習場でもコースでもアマチュアのスイングを観察してみて下さい。「うわっ、いいスイング！」と思えるゴルファーはほんの一握り。80％、いや90％以上のアマチュアゴルファーはスイングが美しくない。ギクシャクしているはず。スイングのどこかに問題を抱えているし、ボールも思った所に飛んでいません。そして、そういう人ほど真面目に一生懸命に本を読んで学び、練習しています。

では、なぜイメージと現実の間にギャップがあるのか？

ひとつは自分を客観視しないことにあります。この連載の初めのころにも書きましたが、現実の自分を見つめるアマチュアは非常に少ないです。大抵のアマチュアはボールがちゃんと当たったかどうか、結果（ボールの行方）で自分の動きをフィードバックしています。だから、自分のイメージと現実の動き（スイング）がかけ離れてしまうのです。

そして、ギャップが生じるもうひとつの原因は「癖」でしょう。以前、劇作家であり演出家である鴻上尚史さんのワークショップに参加した時に教わったのですが、役者の場合、「癖とは、オートマチックに選んだ表現手段」とのこと。例えば、「喜び」という表現を演じる時にバンザ～イ（無意識に両手を広げて高く上げる）のような動きです。
対して、本当の演技とは、数ある「喜び」という表現の中から、そのシーンに最も適した表現を自分でチョイス（選択）すること。例えば、バンザ～イ、ぴょんぴょんその場で飛び跳ねる、よっしゃーと右手で大きくガッツポーズ等々、いくつもの表現手段の中から、それに適したひとつの表現手段を役者が選んで、それを演じることです。

これをゴルフに置き換えると、イメージと現実にギャップが大きい人ほど、「癖」の集合体でスイングが形作られています。グリップしかり、アドレスしかり、テークバックしかり。数ある動きからひとつを選ぶのではなく、オートマチックに選んだこと（無意識）だけで、なんとかボールを上手く打とうとする。そして、上手く当たらなくなると、これまたオートマチック（無意識）に、新たな動きを取り入れようとしています。

要するに、練習時に動作（動き）の選択肢が少ないこと、そして動作（動き）のチョイス（選択）を間違ってしまっている。だから、ビデオやデジカメでスイングチェックすると「えっ、何でこんなスイングになっているの？」、「うわっ、イメージと全然違うじゃないか」なんていう悲しい現実に直面してしまうのです。そして、多くの人は、その悲しい現実に直面すると「自分には運動神経がない」「自分には才能がない」とか、果ては「自分はゴルフが向いていない」等という悲観的な思考をしがちです。

誰もが遼クンやタイガー・ウッズのようなスイングになれるわけではありません。どんな役者も古田新太や松山ケンイチのようになれるわけではありませんが、「癖」ではなく「演技」を意識してトレーニング（練習）に励めば、その努力は必ず報われます。ゴルフなら70台で回れるし、スイング作りにおいては、「癖」を徹底的に排除する練習をすれば、３カ月から半年ぐらいで動きがガラッと変わります。「これって、本当に自分のスイングなの」ってくらい変えられるのです。

道具の進化により、60歳を過ぎてもパープレーで回ることは可能ですし、ドライバーも２５０ヤード飛ばすことが可能です。でも、それを手に入れるには道具を上手く使いこなすスイング（演技）を身につけることが不可欠。そのためには「癖」を抱えたまま、ワンパターンな練習をしないこと。ゴルフはボールをたくさん打って上手くなれるものではありません。それだけは絶対肝に銘じて下さい。自分のイメージと現実の動きを一致させるトレーニングを積めば、誰もが今よりもワンランク、いやツーランク上手くなれるのです。そのヒントをこれからも、どんどん紹介していきます。

⑪ゴルフ雑誌のレッスン記事を読む心得え。

ｉＰｈｏｎｅ、ｉＰａｄ、スマートフォンなどの普及によって、電子書籍が一気に注目を浴びてきました。そのあおりを受けて「雑誌の時代はもう終わった」などという声が大きくなってきつつあります。

ただ、ゴルフ業界においてはまだまだ電子書籍の波は大きくありません。ゴルフ雑誌はまだまだ元気ですし、雑誌が休刊になるという声も聞こえてきません。

さて、このゴルフ雑誌。昔も今も、一番人気はレッスン記事。それを証明するかのように、どの雑誌を開いてもレッスン記事の割合が多いです。巻頭ページには「えっ、たったの10分でプラス40ヤード」とか、「これでスライスがぴたりと止る」などの企画が目立ちます。

そこで今回はレッスン記事の正しい読み方について（すみません、手首のコックについては次回説明します）。

皆さんもご存じのように、プロのレッスンは百花繚乱。同じ号に、Ａというプロは「テークバックは真っ直ぐヘッドを引け」とアドバイスし、Ｂというプロは「スイングは円運動、ヘッドはインサイドに引くのが正しい」とレッスンしています。

読者にしてみれば、まったく正反対のアドバイスをされてしまうと「一体、どっちが正しいの？」と突っ込みを入れたくなりますよね。実際、出版社に抗議の電話を入れてくるゴルファーも少なからずいます。

でも、プロの肩を持つわけではありませんが、どちらもアドバイスとしては正解。何故かと言うと、彼らがレッスンしている言葉のサブテキスト（対象ゴルファー）が異なるからです。

サブテキストって何？

サブテキストとはテキスト（アドバイス）の裏側に含まれる言葉のことで、例えば、「ヘッドを真っ直ぐ引きましょう」というアドバイスには、「アマチュアの多くはヘッドをインに引きすぎるエラーを犯している。だから、真っ直ぐ引くことを教えることでヘッドが正しい軌道に乗る」というサブテキストが含まれています。対して、「ヘッドをインに引きましょう」というアドバイスには、「アマチュアの多くはヘッドをアウトに上げすぎるエラーを犯している。だから、インに引くことを教えることでヘッドが正しい軌道に乗る」というサブテキストが含まれています。

要するに、どちらも正しい軌道を教えたい（ヘッドがシャフトプレーンに沿って上がっていく）。ただし、エラーを犯しているタイプを正反対に想定しているから、AプロとBプロのアドバイスがまったく逆になってしまうのです。

アドバイスの中にはサブテキストが含まれないモノもありますが（万人に通用するアドバイス）、プロのアドバイスの多くにはサブテキストが含まれています。

理由は2つあります。多くのアマチュアはすでに誤ったスイングを身に付けている。このため、エラーを犯しているゴルファーを想定してアドバイスするために、サブテキストが内在せざるを得ないのです。もうひとつは、プロ自身の癖やエラーがレッスンに反映されてしまうこと。

例えば、ダウンでシャフトが寝てチーピンが出やすいプロがいたとしましょう。こういう場合、自分が治したいこと、例えばダウンでシャフトを立てる、ダウンで左手を浮かせない、なんてことが無意識の内にアドバイスとなって言語化されてしまいます。ゴルフ雑誌で有名なEプロのレッスンはまさにその典型。彼はフック打ちで、チーピンに悩むタイプ。彼のレッスン記事を読むと、「ダウンで左手を浮かせない」「左手を低く保つこと」をこれでもかってぐらい、しつこく説明しています。

もう、ボクの言いたいことはお分かりでしょう。

そうです、ゴルフ雑誌のレッスン記事を読む場合、そのレッスンはどんなゴルファーを対象にしているのかを裏読み（サブテキスト読み）することが不可欠。そして、レッスンするプロの持ち球（そのプロが抱えている問題点）をあらかじめ知っておくこと。この2つが分かっていれば、「ははぁ、この記事はテークバックがアウトに上がり過ぎて失敗しているアマチュア向け」とか、「なるほど、こんなアドバイスをするのは、このプロはチーピンで悩んでいる」とかが読み取ることができます。

ゴルフ雑誌には、毎週毎週、これでもかってぐらいレッスン記事が紹介されていますが、どの記事にも間違いはありません。ただし、サブテキストを読み間違えたり、自分に当てはまらないアドバイスを鵜呑みにしてしまうと、ますます迷路に嵌ってしまいます。「下手を固める」危険性も大きいでしょう。実際、最近発売されたゴルフ雑誌のレッスン記事を読んでみても、読み違えると誤解を招くレッスン記事が多数ありました。

大事なことなので繰り返しますが、レッスン記事を参考するにはアドバイスの真意（サブテキスト）を読み取ることが不可欠です。サブテキストを読み取る自信がない人は、レッスン記事を読まない方がいいでしょう。スイングを改善したいならば、プロやインストラクターに直接レッスンを受けた方が、回り道しないで上達できます。

⑫反作用を意識すると、手首のコックがスムーズに行える。

伝えたいことは1分1秒でも早く伝えたい……、そんなことから2回ほど脱線記事を書いてしまいました。申し訳ありません。

さて、今回からは再びスイングの「形《かたち》」「型《かた》」の作り方について。本章の⑨でも説明したように、ゴルフスイングにおいては、左右の「手」、「腕」が同じ方向に動くことはありません。テークバック、トップ、ダウン、インパクト、フォローにおいて、左手には左手の軌道、右手には右手の軌道があります。誤解を恐れずに言えば、それぞれの手は違う方向に動くことでクラブは正しい軌道を描きますし、効率良くパワーが発生します。

テークバックの前半においては、左手はアドレス位置からほぼ真っ直ぐ後ろに平行移動（手首をコックするため、始動直後は少し下がります）。右手に関しては、右ひじを引くことで右手を体に近づけていきましょう。感覚的には、左手はレレレのオジサンのように体の正面で真横に動き、右手はタンスの引き出しを引くような感じで動かしていく。これで、クラブは正しい軌道（シャフトプレーン）に沿って動いてくれます。

そして、クラブに正しい軌道を描かせるために（正しい形、型を作るために）不可欠な動きとなるのが手首のコック。手首のコックとは手首を折り曲げることですが、この動作も左手と右手では動かし方が異なってきます。

具体的に言うと、テークバックにおいては、左手首は親指が立つように、縦に手首を曲げていきます。対して、右手首は左手首同様、縦に曲げると同時に、甲側にも曲げていきます。左手に比べると少し複雑な動きになりますが、野球のボールを振りかぶって投げる時のような手首の使い方です。もしくは蕎麦屋の出前持ちの形。右手首の甲側にしわができるように曲げていきます。

左右の手首を曲げる（手首をコックする）感じをつかむには、次のような水平素振りが役立ちます。

①クラブを握ったら、クラブヘッドと両腕を肩の高さまで持ち上げる（腕とクラブはほぼ一直線になるように）

②その状態からボールを打つつもりで、クラブを地面と水平に動かす

テークバックの始動とともに手首をコックしていきますが、ポイントは右ひじ。始動とともに右ひじを曲げ、それに連動して手首をコックしていきます。ヘッドを水平に動かすことを意識すると、左手首は縦方向に曲がり（腕に対して）、右手首は甲側にしわができるように曲がってくるはずです（出前持ちの形になります）。

そして、手首をコックする時に意識してほしいのがグリップエンドの動き。構えた時には、グリップエンドは自分を向いています。そのグリップエンドを始動とともに外側に向けるように心がけて下さい。グリップエンドを大きく動かすことでヘッドを動かすように心がけると、手首をスムーズに使っていけます。また、グリップエンドをできるだけ体から遠ざけるようにも心がける。これにより、手首を使っても体が緩んだり、左腕が緩むのを防止でき、体の大きな筋肉（背筋）を使っていけます。

手首をコックするというと手打ちのような感じがするかも知れませんが、これは大きな勘違い。手首を正しくコックすることでクラブは正しい軌道に乗り、そして体の大きな筋肉を使っていけるのです。

次回は、正しいトップの作り方について説明します。

アドレスではグリップエンドが自分の体を向いている。

テークバック開始からコックを入れはじめ、グリップエンドが飛球線方向を向く。

テークバック後半ではグリップエンドが後方の斜め下を向く。

トップではグリップエンドが完全に後方を向く。

⑬トップでは左ひじを真っ直ぐ、右ひじを90度曲げる。

前回、テークバックにおける手首のコックについて説明しました。大事なことなので繰り返します。テークバックにおいては、左手首は親指が立つように、縦に手首を曲げていきます。対して、右手首は左手首同様、縦に曲げると同時に、甲側にも曲げていきます。左手に比べると少し複雑な動きになりますが、野球のボールを振りかぶって投げる時のような手首の使い方です。もしくは蕎麦屋の出前持ちの形。右手首の甲側にしわができるように曲げていきます。

この手首のコックが完了すると左腕が地面と水平に達した時、シャフトはほぼ垂直になります。これはテークバックの途中であると同時に、ハーフショットのトップとなります。今まで手首のコックを意識しなかった人の場合ですと、「シャフトが立った」感じになると思いますが、それでOKです。

そして、このポジションでグリップエンドの向きをチェックすると、クラブが正しい軌道を描いているかどうか確認できます。グリップエンドの延長線が飛球線（ボールと目標を結んだライン）よりも少し手前側を指していればOK。グリップエンドの延長線がボールよりも向こう側（外側）を指している場合はシャフトが寝ています。シャフトがもっと立つように手首をコックして下さい。対して、このポジションでグリップエンドがつま先のライン上を指す場合はシャフトが立ち過ぎています。この場合は、シャフトを少し寝かせるようにしましょう。手首をコックした時、右手首を甲側に折るように心がけるとシャフトが立ち過ぎるのを修整できます。

このハーフショットのトップが正しくできると、実は、トップが簡単に決まります。手首のコックが正しく決まれば、後は肩を少し入れること、腕を少し振り上げるだけでフルスイングのトップになるからです。

言い換えると、多くのアマチュアはこのハーフショットのトップがちゃんと出来ていません。コックが遅れているためにトップ付近で手首を使い過ぎたり、インサイドに引きすぎた反動でトップ付近でクラブを担ぎ上げる動きをしてしまうのです。トップで右ひじが大きく空いたり、トップでシャフトクロスするのも同じ。トップの形が悪い人の99％はハーフトップの形が悪い。だからトップ付近でクラブや体が余計な動きをするのです。

話を戻しましょう。ハーフトップの形で手首のコックが完了し、シャフトを立てる。これができたら、肩を少し入れる。アドレスで前傾してますから、左肩は下がり、右肩は上がっていくのが正しいモーションです。そして、手は右耳の高さぐらいまで振り上げていきます。

この腕の振り上げで意識してほしいのが左右のひじの関節。左ひじはピンと伸ばし、右ひじは90度曲げる。右ひじを曲げることで左ひじを伸ばすと言ったらいいでしょうか？　グリップエンドを外に向けることを意識しながら右ひじを曲げていくと、左ひじがピンと伸びてきます。言い換えると、トップでは左ひじが伸びているのが絶対条件。

左ひじが伸びてくるとトップが美しくなります。それだけではありません。緩みのないトップを作った方がパワーが蓄積されますし、ダウンスイングへの移行もスムーズになるからです。まずは左ひじがピシッと伸びたトップを作って下さい。そしてそれをデジカメで確認しましょう。

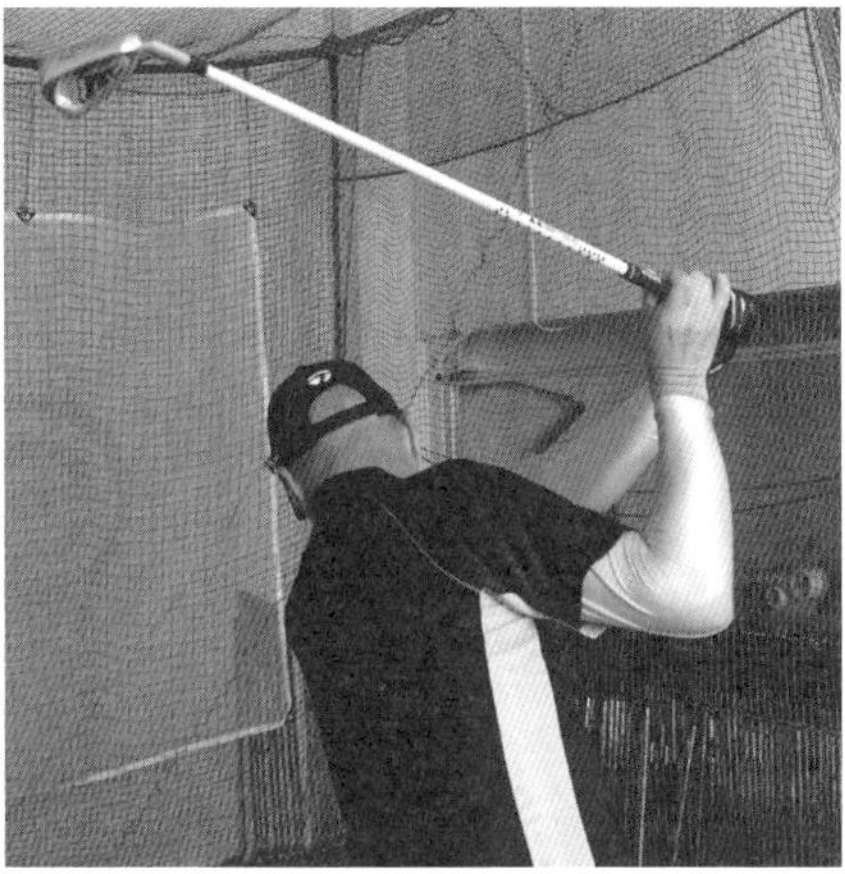

左ひじがピンと伸びて、右ひじが90度曲がった美しいトップの形。この緩みのないトップを作ることができると、パワーも蓄積できる。

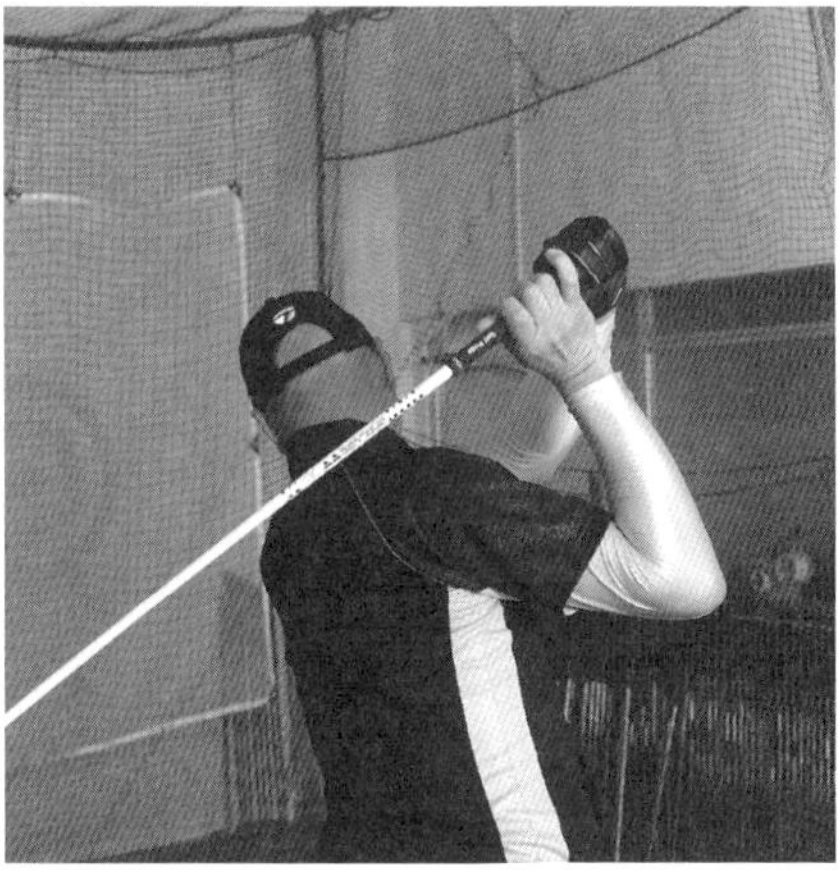

左ひじも右ひじも曲がった緩んだトップの形。こうなるとダウンスイングへの移行が複雑になってしまう。

⑭トップ時のフェース向きは3種類ある。

トップで左ひじをピシッと伸ばしておく。これがちゃんとできるかどうかはテークバックの途中で決まります。ハーフショットの位置で手首のコックが完了すれば、トップ付近で手首が余計な動きをしません。結果、クラブも暴れにくくなって左腕の伸ばしをキープしやすくなります。

左ひじが伸びたトップにこだわるのは、左ひじがぐにゃりと曲がったトップではエネルギーロスが多いから。そして、アマチュアの多くはトップ付近で左ひじがグニャッと曲がり、それがクラブの軌道、フェースの向きを狂わせることになるからです。「型に嵌める」というと聞こえは悪いかも知れませんが、練習時間が限られたアマチュアほど、「形《かたち》」（型《かた》）にこだわったトップを作って下さい。その方が少ない練習量でもインパクトの再現性が高くなり、ミスを減らせるからです。

それだけではありません、「型に嵌まった」トップを覚えることは、空手の型稽古と同じ。ボールを1発も打つ必要はありません。素振りやシャドースイングで「形」（型）を作ることができます。大事なことなので繰り返しますが、ボールを打たない方が「形」（型）を正しく体に覚え込ませることができるのです（ボールを打つと、ちゃんと当てようとする意識が働くために、「形」（型）がどんどん崩れてきます）。

さて、今回のテーマはトップ時のフェースの向き。

フェースの向きはオープン、スクエア、シャット（クローズ）と3つに分けることができ、どんなゴルファーも「そのどれか」になっています。

①オープンフェース

トップでフェースが正面を向いた状態（ヘッドのトウ部分が地面を指す）。スイングプレーンに対してフェースが開いていることから、オープンフェースと呼ばれる。この状態から腕を振り下ろして構えた位置にヘッドを戻すと（腕をねじったりしないで）、フェースが開いた状態になる。

②スクエアフェース

トップでフェースが斜め45度ぐらいに向いた状態（ヘッドのトウ部分も斜め）。スイングプレーンに対してフェースがスクエアな状態なことから、スクエアフェースと呼ばれる。この状態から腕を振り下ろして構えた位置にヘッドを戻すと、フェースがスクエアな状態になる。

③シャットフェース（クローズフェース）

トップでフェースが空を向いた状態（ヘッドのトウ部分は地面と水平）。スイングプレーンに対してフェースが被った状態なことから、シャット（閉じた）フェースと呼ばれる。この状態から腕を振り下ろして構えた位置にヘッドを戻すと、フェースが被った状態になる。

現在、プロのスイングを観察するとオープンフェースの選手はほとんどいません。大半の選手はスクエアかシャットフェースです。オープンフェースが皆無に近いのはクラブが劇的に変わったから。パーシモンヘッドの頃に比べると、今どきのドライバーはヘッドが大きくて重心距離が長め。このため、オープンフェースだとダウンスイングでフェースを返そうとしても間に合わないからです。パーシモンヘッドの頃は重心距離が32ミリほどでしたが、今どきのドライバーの重心距離は短いもので34ミリ、長くなると40ミリを越えてきます。スイングはクラブありきです。現在のクラブがオープンフェースを要求しないことを考えると、アマチュアゴルファーもフェースの向きはスクエア、もしくはシャットフェースのトップを作った方が賢明ですし、その方が飛距離&方向性が安定します。

では、スクエアとシャットフェースのトップとではどちらの方が有利なのか？

これもクラブありきと考えた方がいいでしょう。

もし、重心距離が長い（大型ヘッドで面長フェース、重心距離40ミリ以上）ドライバーを使うのであれば、宮里藍ちゃんのようなシャットフェースを作って下さい。重心距離が長いヘッドはシャットにフェースを使った方が、インパクトゾーンでフェースをスクエアに戻しやすいからです。

他方、重心距離があまり長くない（フェースが小ぶりで重心距離が34~38ミリ）ドライバーを使うのであれば、スクエアフェースを作って下さい。重心距離があまり長くなければスクエアフェースでも、インパクトゾーンでフェースをスクエアに戻しやすいからです。ちなみに、重心距離があまり長くないドライバーでシャットフェースを作ると、捕まり過ぎて引っかかりやすくなる場合があります。

もちろん逆もしかりで、ゴルファーのスイング（トップの形）にクラブを合せるのも正解です。自分が動かしやすい方法でテークバックしてトップを作った時、フェースの向きがスクエアになりやすい人は、重心距離があまり長くないドライバーを使う。対して、フェースの向きがトップでシャットになりやすい人は、重心距離が長いドライバーを使う。スイングにクラブを合せれば道具(クラブ)を上手く使いこなせますし、飛距離&方向性が良くなってきます。

トップのフェースの向きについても、自分の感覚に頼るのは禁物です。デジカメや携帯カメラを使って、客観的にトップのフェースの向きを必ずチェックして下さい。自分のフェースの向きが「今ひとつ分からない」という人は、僕の有料メルマガに登録いただいて、質問コーナーに画像添付でメールを送って下さい。個別でアドバイス致します。

次回は、アマチュアに多いオープンフェースの矯正法について説明致します。

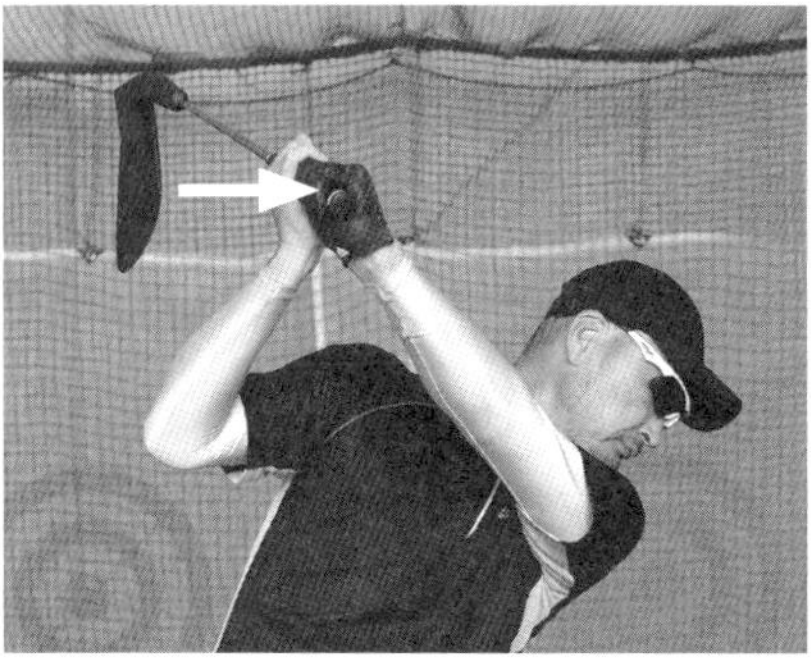

フェースが正面を向いたオープンフェース。

フェースが斜め45度上を向いたスクエアフェース。

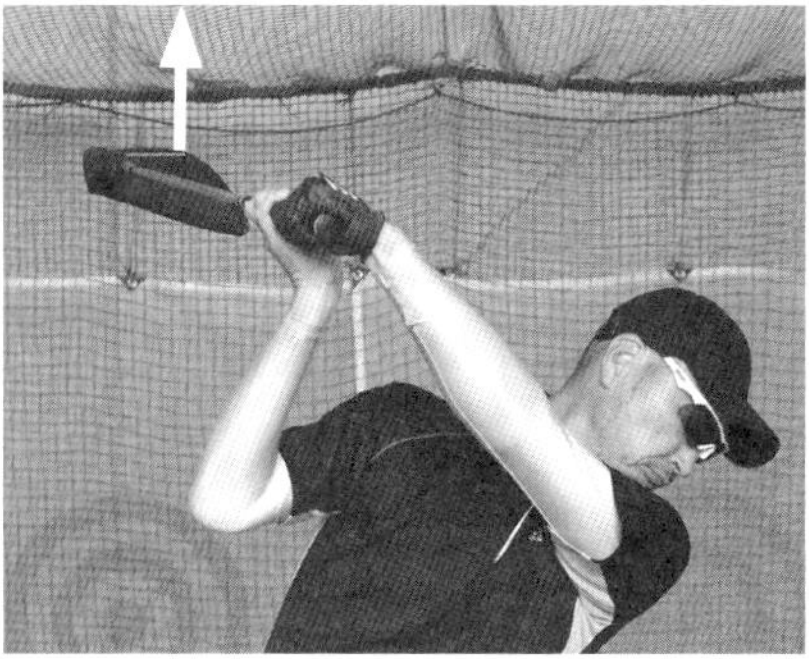

フェースが真上を向いたシャット(クローズ)フェース。

⑮左前腕を反時計回りにねじると、オープンフェースは解消できる。

トップにおけるフェースの向きは、オープン、スクエア、シャット（クローズ）と3つに分けることができます。そして、今どきのクラブ（大型ヘッド、長い重心距離）に対応するには、フェースの向きは「シャット」がいいと説明しました。重心距離が長いクラブはフェースが開きやすい特性がありますし、スイング中にフェースを開いてしまうと、フェースが開いたままインパクトを迎える確率が高くなるからです。

にもかかわらず、アマチュアの多くはオープンフェースのトップを作っています。アナライズでは1000人以上のスイングデータがありますが、アマチュアの半数以上はトップでフェースが開いています。宮里藍ちゃんのようにトップでフェースが空を向いている、いわゆるシャットフェースになっているアマチュアは2割以下です。

アマチュアにオープンフェースが多い理由？

それはクラブの構造も少なからず影響しています。野球のバットやテニスのラケットと違い、ゴルフはシャフト軸線に重心（芯）がありません。シャフト軸線よりも外れていますし、シャフト軸線よりも後ろに重心（芯）がある。このため、クラブを動かした時にフェースが開く方向に回転しやすいからです。また、フェースを開いて上げた方が、クラブを動かしやすい。このため、多くのゴルファーは知らず知らずのうちに（無意識に）テークバックでフェースを開いて上げてしまい、その結果、トップでオープンフェースになってしまいやすいのです。

では、どうすればオープンフェースを解消できるのか？

いくつかポイントはありますが、まずは極端なぐらいフェースを閉じて上げる感覚を養うことです。一度は宮里藍ちゃんのようなシャットフェースのトップを作ってみましょう。30ヤード右にスライスを打っているならば、ストレートを打とうとするのではなく30ヤード左にフックを打つ、と言ったらいいでしょうか？わざと真逆なことを練習した方が、新しい「型」を覚えやすいし、思い切って身体の動きを変えていけるからです。そして、多くの人は真逆なことをするぐらい大胆な気持ちがないと、身体の動きは変わりません。スイングの「型」も変わりません。人間は慣れた動きから「外れる」ということに大きな抵抗感があるからです。

シャットフェースをマスターするポイントは3つ。

①テークバックの始動とともにフェースを下に向けていく

例えば、7番アイアンのロフトは30度。30度のロフトをテークバックの開始とともに29度、28度、27度、26度・・・という風にロフトを減らしていきます。

②始動とともに左前腕を反時計回りにねじる

左前腕の動きというのはフェースの向きに多大な影響を与えます。左前腕を時計回りにねじるとフェースは開き（オープンフェース）、左前腕を反時計回りにねじるほどフェースは閉じます（シャットフェース）

③手首をコックする時、左手首は手の平側に曲げ、右手首は手の甲側に曲げていく

オープンフェースになる人の90％以上は手首をコックした時、左手首は甲側に曲がり、右手首は手の平側に曲がっています。

練習法としては、両手を20センチぐらい離した素振りがいいでしょう。7番アイアンを手にしたら左手はいつもの場所、右手は20センチぐらいヘッド側を持ちます。シャフトを持っても構いません。そしてヘッドを20センチぐらい浮かせてアドレス。

そこから上記の3つのポイントを意識しながらゆっくり素振りします。ハーフバックの位置（グリップが右腰あたり）でフェースが地面を向くぐらい、フェースを閉じていきましょう。そして左手首は手の平側、右手首は甲側に折れるように意識します。

ハーフバック以降はフェースが空を向くように、フェースを縦に回転させて上げていく。これでシャットフェースのトップが作れます。

今までオープンフェースだった人には、かなりというか、とてつもなく違和感がある感じになると思いますが、これを覚えないことにはオープンフェースから脱却できません。「こんなのスイングじゃない！」というぐらい、大胆に動きを変え、そして、それで作ったトップをデジカメなどでチェックしてみて下さい。「やっているつもり」では変化は生まれませんし、オープンフェースも解消しません。

客観的に変化してこそ、新しい「形《かたち》」（型《かた》）を身につけることができるのです。

アドレス時の左手のグリップ。

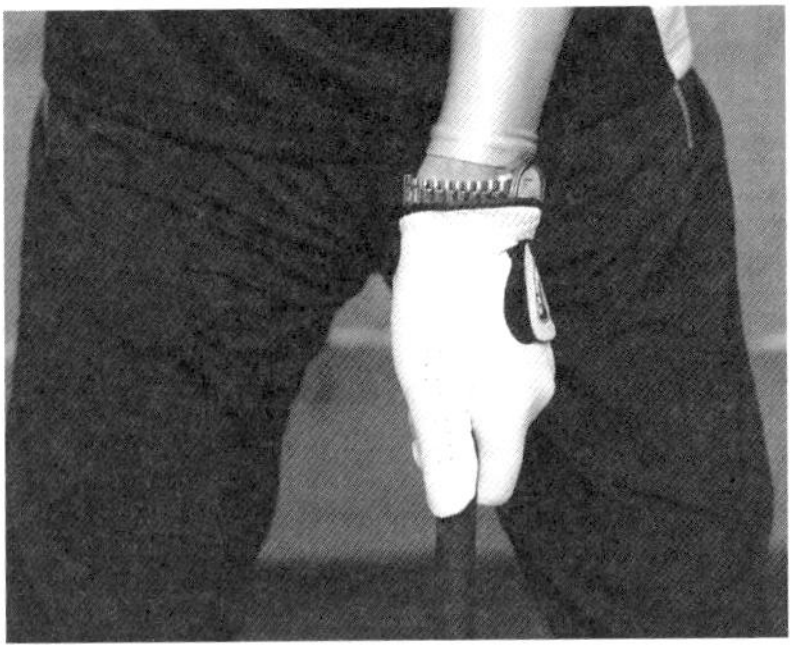

テークバックの始動で左前腕を自分から見て時計回りに捻ってしまうと、結果的にオープンフェースになってしまう。

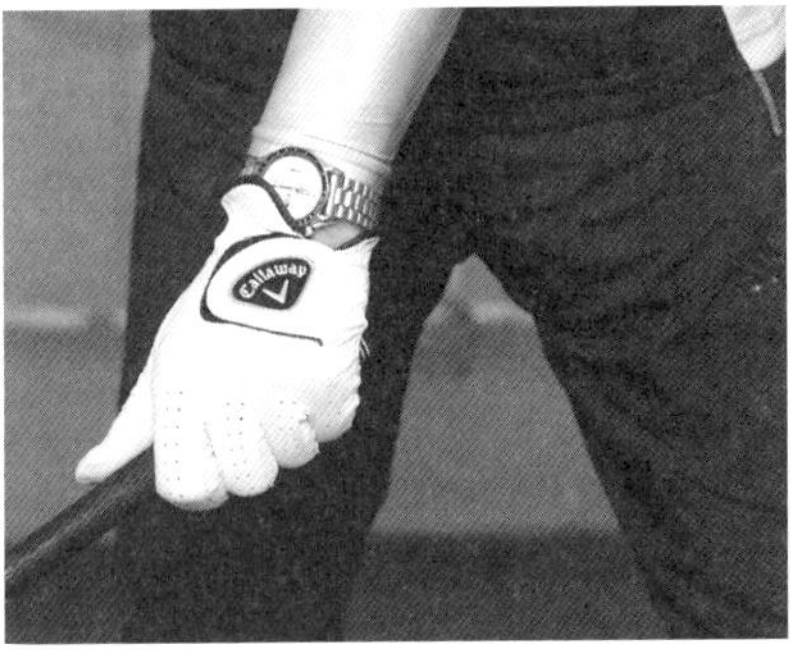

テークバックの指導で左前腕を自分から見て版時計回りに捻ると、結果的にシャットフェースを作ることができる。

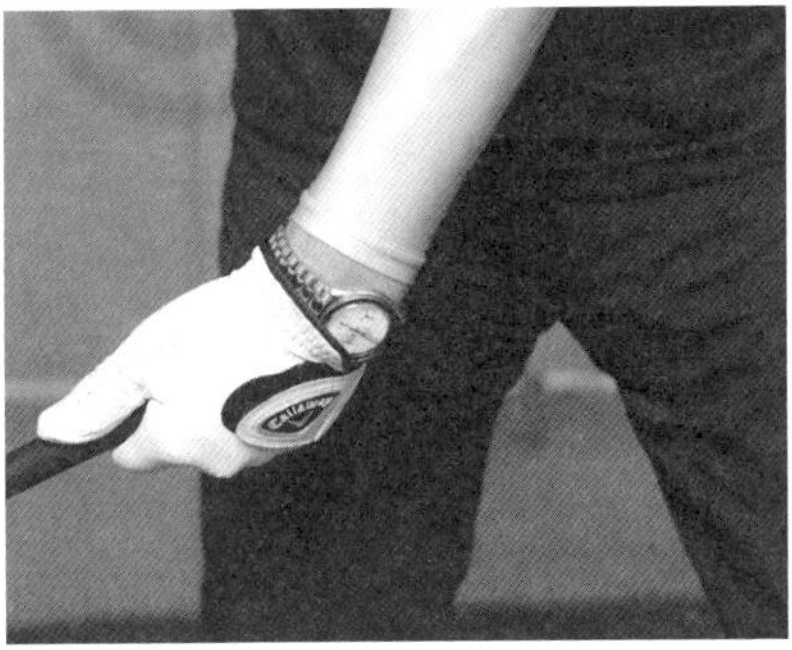

⑯今どきの大型ヘッドを使いこなすには、シャットフェースが不可欠。

最後まで誰が優勝するか分からなかった2011年のマスターズ。南アフリカのシャール・シュワルツェルが14アンダーで優勝しましたが、ボクが注目したのは2位に入ったオーストラリアのジェイソン・デイ。彼のスイングは今どきの道具（クラブ）と非常にマッチし、パワーに頼るだけでなく、クラブとマッチしたスイングで効率良く飛ばしていたからです。

テレビでご覧になった方も多いと思いますが、マスターズでデイが使っていたのは白いヘッドの最新バーナー。バーナーシリーズはヘッドが面長で重心距離が非常に長いのが特徴。「プロやハードヒッターには重心距離が長いドライバーは合わない」という常識をデイは見事に覆してくれました。

重心距離が長い（慣性モーメントが大きい）ドライバーを使いこなす最大のポイント？

それはこれまで説明してきたトップのフェースの向きにあり、重心距離が長いヘッドを使いこなすには、トップでフェースが空を向くシャットフェースが不可欠。そして、ダウンスイングではフェースを早めにボールに向けてそのままインパクトを迎える。

レッスン・オブ・ザ・イヤーの永井延宏プロは、デイのようなスイングを「新世代系」と呼んでいますが、かつて世界ランク1位にもなったマーチン・カイマーもデイと同じようなスイングをしています。ちなみに、フィル・ミケルソンやタイガー・ウッズはテークバックでフェースを開き、ダウンからインパクトにかけてフェースを閉じていく。スイング中、フェースの開閉を大きく使うスイングをしています。永井プロはこのタイプを、球を拾う技術を使う「コンサバ系」と表しています。

前置きが長くなってしまいましたが、もし、ヘッドスピード45m／s以下のアマチュアが飛距離アップを狙うならば、デイやカイマーのようなシャットフェースをなんとしてもマスターして下さい。シャットフェースを身につけた方が、重心距離が長いドライバーを上手く使いこなせます。そして、重心距離が長いドライバーは重心距離が短いドライバーよりも物理的に飛びのポテンシャルが高いからです。

「シャットフェースは引っかかる」と言われてますが、これは従来のドライバー（重心距離が長くない）を使うことを前提にしたセオリー。パーシモン時代のドライバーは重心距離が32ミリ前後でしたが、バーナーのように投影面積が巨大で面長フェースのドライバーの場合、重心距離は42ミリを超えています。この重心距離の変化によって、スイングの常識が変わったのです。

道具に合わせるか、それともスイングに道具に合わせるのか？

ヘッドスピードが45m／s以上の人や、ドライバーに飛距離を求めないのであれば、トップのフェースの向きはシャットでもスクエアでも、どちらでもいいでしょう。しかし道具（クラブ）を上手く使って飛距離アップを狙うならば、道具にスイングを合せた方がいいです。それを如実に証明しているのがジュニアゴルファー。子供達は最初から大型ヘッドを使っているので、誰に教わるでもなくトップでフェースが空を向いています。

　シャットフェースのトップを作る練習法としてお勧めなのがピンパターやキャビティアイアンを使ったシャドースイング。テークバックの開始とともにバックフェース（凹んだ部分）にボールが乗っているとイメージしたら、ハーフバックまでそれを落とさないように心がけていきましょう。ハーフバックでバックフェースが空を向くようにすれば、ボールは落ちません。

　そして、ハーフバック以降はバックフェースに乗ったボールを飛球線方向に飛ばすイメージを持ちます。ハーフバック以降、フェースを縦にひっくり返す（縦回転する）感じになってくると、デイやカイマーのようなシャットフェースのトップを作れるようになるはずです。

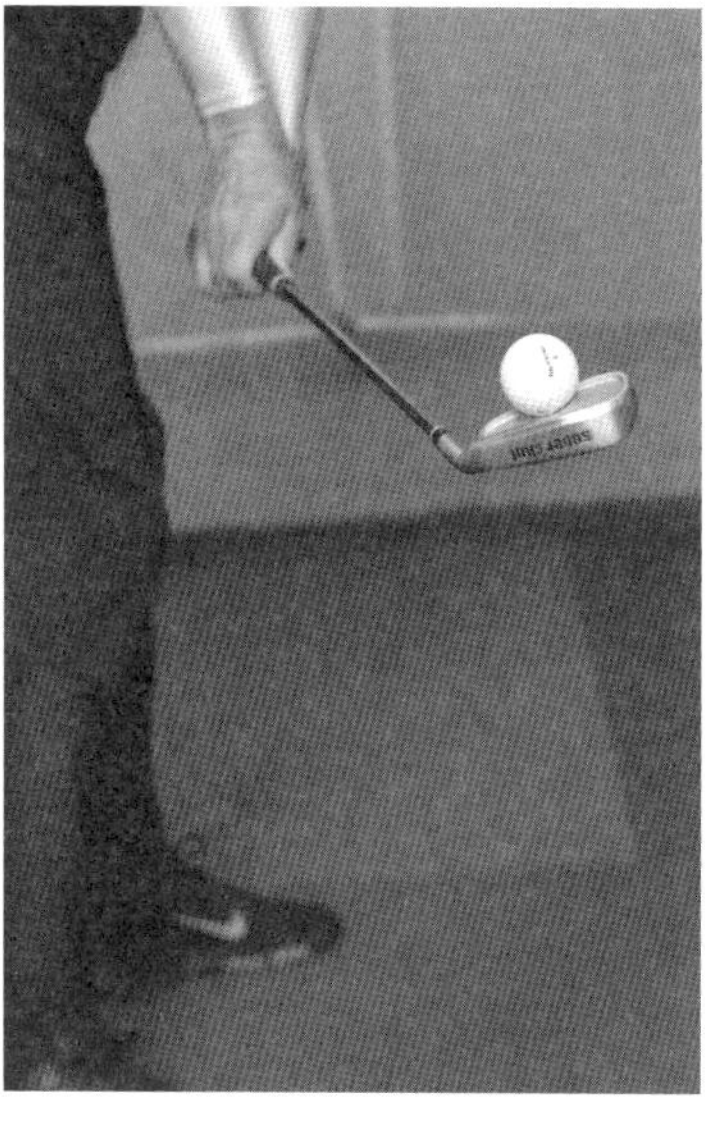

これまでオープンフェースだった人が左前腕を反時計回りに捻るのは、かなり違和感を覚えるはず。そこで筆者が開発した練習器具「Super Shut」。バックフェースの凹みに球を置き、落ちないようにテークバックする。

⑰いいスイングとは何か？

連休中、ゴルフに行かれたり、練習場に行かれた人が多かったと思います。ボクも5月1日にはマグレガーの震災チャリティコンペに参加、5日は自分が主催するハーフコースの競技会、そして8日も早朝で9ホールプレーしてきました。そして、昨日はサロンパスレディスをテレビ観戦。テレビをご覧になった方も多いと思いますが、終わってみれば昨年賞金女王のアン・ソンジュがセーフティリードで優勝しました。

優勝したアン選手もそうですが、テレビを観ていて「いいスイング」「曲がらないスイング」しているなぁと強く感じたのが2位に入ったテレサ・ルーのスイング。ジュニア時代にはオールアメリカンに選出された実力の持ち主だから、スイングがいいのは当たり前かも知れませんが、明らかに日本選手よりもスイング完成度の高さを感じました。

そこで今回は「いいスイング」とは何か？　について。

ボクが言う「いいスイング」は形《かたち》や型《かた》です。リズムやタイミングは評価点にはあまり加えません。この2つはスイングを構成する重要な要素でありますが、反面、リズムやタイミングは世界トップクラスの選手でも、心理状態（プレッシャーがかかった時）によって大きく変わることがあるからです。

どこの形（型）を見れば、スイングの良し悪しが分かるのか？

いくつかポイントはありますが、一番大事な場所はトップからダウンの切り返しでのシャフトのポジション。前回の番外編でも書きましたが、トップからクラブを振り下ろした時、一番理想的な形（型）はシャフトがシャフトプレーン（アドレス時のライ角度の延長線）と平行に収まり、そしてシャフトはなるべくシャフトプレーンに近づいた状態になっていることです。

そしてシャフトはできるだけ同じ角度でプレーンに戻っていくのが理想型です。

これができていると、ダウンスイング後半からはクラブも体も余計な動きをしません。余計な動きをしなくてもクラブはシャフトプレーンに沿って下りてきますし、インパクトの再現性も高まるからです。前述したテレサ・ルーを始め、タイガー・ウッズ、ジェイソン・デイ、そして一見変則に見えるリッキー・ファウラーもダウンの早い段階で、シャフトプレーンに沿ってクラブ（シャフト）がポジショニングされています。

対して、プロ、アマチュアを問わず、スイングが不安定な人の場合、ダウンの前半でシャフトが立ちすぎていたり、シャフトはプレーンと平行になっていても、シャフトが離れすぎています。

例えば、宮里藍。彼女の場合、テークバックですぐにシャフトの角度が崩れ、そして、ダウンの前半ではシャフトはプレーンと平行になっているものの、シャフトはプレーンから非常に遠い。このため、ダウン後半ではシャフトが寝てしまい（シャフトプレーンよりもヘッドが下に垂れ下がり）、それをリカバリーするためにインパクトで手が大きく浮き上がっています。雑誌などで彼女のスイングをご覧になっていただくと、シャフトがプレーンから外れている具合が分かります。

体の動きはダイナミックで素晴らしいと思いますが、シャフトの挙動はトッププレーヤーの中ではかなり不安定です。そして、何故かクラブの動きが不安定なのを指摘されることはありません（恐らく、プロの半分以上はそのことを理解しています）。

大事なことなので繰り返しますが、体に余計な動きをさせたくなければ、クラブ（シャフト）に余計な動きをさせないことが不可欠。特に、テークバックの前半と、前述したトップからダウンの切り返し。ここでクラブ（シャフト）のポジション（角度）が、プレーンから外れるほど、スイングが複雑になりますし、たくさんボールを打たないと方向性が安定しません。また、得意クラブと不得意クラブが出たりします。

読者（アマチュア）が体の動きを求めているのか？　それともプロ（指導者）がクラブよりも体の動きを説明したがるのか？

どちらが理由なのか分かりませんが、ゴルフ雑誌のレッスン記事の大半は体の動かし方を積極的に教えています。でも誤解を恐れずに言うと、体の動きだけを意識してもクラブのポジションが変わる確率は非常に低いでしょう。

本当にスイングの完成度を上げたいのであれば、まずはクラブの正しいポジションを意識しながら練習すること。ボールをたくさん打つよりも、クラブのポジションを意識しながら30～50球、じっくり時間をかけ、そしてビデオを使って客観的にスイングチェックしながら練習した方がショットは安定しますし、プレッシャーに強いスイングが身につきます。

正しいゴルフスイングを身につけることは簡単ではありません。ギターやピアノを覚えたり、踊りを覚えるのと同じぐらいの努力が必要でしょう。でも正しい練習を続ければ、誰でもシングルになれます。

そのためには、切り返しからダウン前半でクラブを寝かすイメージを持つことが必要になる。これが重要なポイントだ。

トップからシャフトプレーンに平行に降ろしたい。

よく「クラブを立てて降ろす」と言うが、本当に立てて降ろしてしまうと、シャフトプレーンに対して鋭角に降りてきてしまうので注意しよう。

Column

ゴルフの竪琴ってなに？

ゴルフの竪琴、実はマーク金井が作った練習器具ではありません。全く違った名前で、全く違ったドリルをする、群馬県の車屋さんの社長さんが作った練習器具でした。販売不振で、マーク金井のアナライズへ相談に来られたのが、マーク金井とゴルフの竪琴の出会いです。ひと目見るなり、「実に面白い」「これは、アマチュアゴルファーを救える」と非常に気に入りアナライズでの販売を決意し、「ゴルフの竪琴」と名付けました。そして新しい練習方法のDVDを作り、販売開始しました。

プロゴルファーや上級者が、悩まずできる「ハンドアクション」は、アマチュアにとって非常に難しいものです。ゴルフ雑誌も「手打ちはダメ」「ボディターン」と、手を使うことすべてを否定するイメージを植え付けています。しかしこの手の動きをしっかりマスターしないと、オーバースイング、シャフトクロス、スライス、チーピン、シャンクと、すべてのミスを生んでしまいます。スイングの肝ともいえるハンドアクションを、自宅でマスターできるのが「ゴルフの竪琴」なのです。

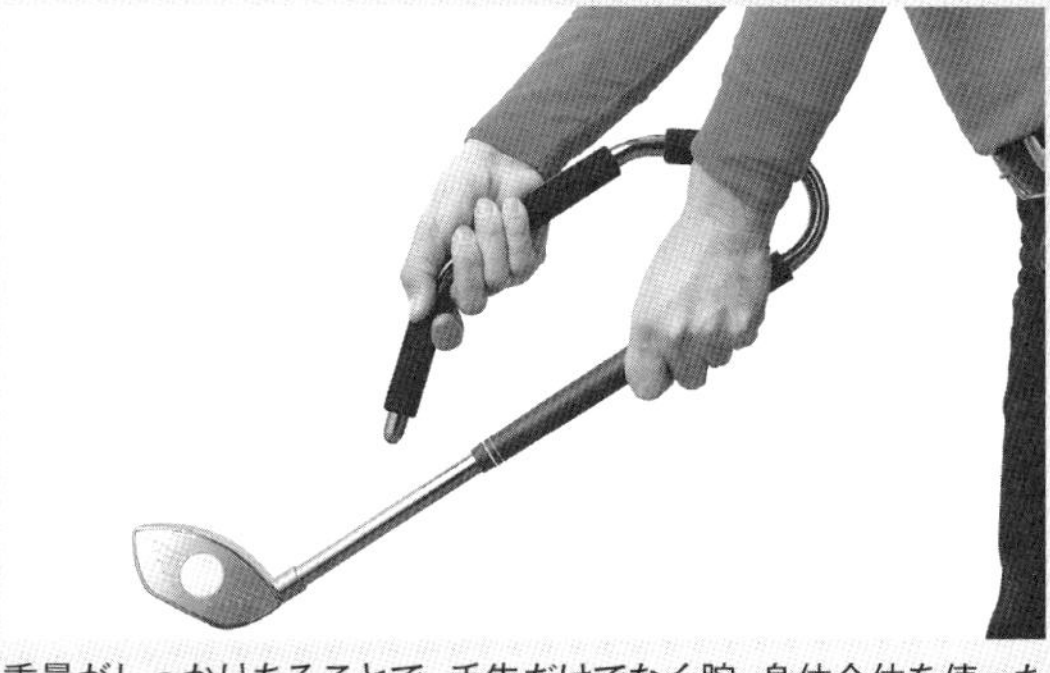

重量がしっかりあることで、手先だけでなく腕、身体全体を使った動きが覚えられる。また、フェース面を確認しながら、基本のスイングの形を、最小限のスペースで習得できる。
http://www.analyze2005.com/768.html

第2章

一生役立つゴルフクラブの選び方

①自分に合うクラブとは何か？

1ヤードでも遠くに飛ばしたい、ドライバーでOBを減らしたい、スライスではなくドローボールを打ってみたい……。

クラブを選ぶ（クラブを買い替える）ポイントはいくつかありますが、多くのゴルファーに共通しているのが「どのクラブが自分に合っているのか」「自分に合ったクラブは何か」と考えていること。アナライズでは5年前からクラブ診断を実施していますが、そこでもほとんどのゴルファーは、「自分に合ったクラブ」に出会えれば、「より遠くに」「より真っ直ぐに」ボールを飛ばせると思っています。例えば、キャロウェイのレガシーとテーラメイドのバーナーとでは、どちらが自分に合っているのかという風に……。

しかし出鼻をくじくようですが、自分に合っているクラブは、必ずしもゴルファーに有益なクラブになるとは限りません。また、ぴったり合ったクラブを手にしたからといってゴルフが上達するとも限らないのです。

それは何故か？

アマチュアの多くは、特にハンデが多いゴルファーの場合、自分のスイングがちゃんと確立されてません。自分のスイングが不安定な人ほど、「自分にピッタリ合った」というフィーリングが短時間でコロコロ変わりやすいからです。

では、「自分に合う、合わない」ではなく、何を基準にしてクラブを選べばいいのか？

いくつかポイントがありますが、もし皆さんがフック、スライスに悩んでいるのであれば、「逆球」が出るクラブを使うことを強くお勧めします。スライスが持球で右に曲がることが多い、右サイドにOBがあると、魅入られたように右OBを打ってしまう。こういう人は、プロや上級者が打ったら左のOBにしか飛ばない、捕まり過ぎて引っかかるドライバーを選んで下さい。

具体的に言うと、

①フックフェースが強い（フェース角＋2度以上）
②重心距離が短い（重心距離35ミリ以下）
③重心アングルが大きい（重心角が25度以上）
④リアルロフトが多い（10度表示でリアルロフト12度以上）

スライスする人は例外なく、アウトサイド・イン軌道になっていますが、これはボールを捕まえたい（右に飛ばしたくない）気持ちに支配されてボールを打っています。右に飛ばしたくないから、ダウンで体が早く開き、それが原因でクラブが外から下り、カット打ちになるからボールに右回転がかかっています。

言い換えると、スライスに悩んでいる人でも、フックしか出ないクラブを使えば、スイングのことをあれこれ考えなくてもアウトサイド・イン軌道が矯正されてきます。球筋が変れば、体はそれに対して勝手に反応するからです。プロがレッスンするよりも、道具（クラブ）を変えた方が短時間でスイングは変わるのです。これには例外がありません。ボールが左に飛び始めると（右に飛ばなってくると）、アウトサイド・イン軌道に振る必要がないからです。

数年前、キャロウェイが四角形ドライバー「FT－i」を登場させましたが、ボクはこのドライバーを初めて打った時、ボールの行方を見失いました。自分ではいい感じで芯を喰ったのに、ボールは視界から外れるくらい左に飛んでしまったからです(笑)。発売当初は「こんなに左に飛ぶドライバー、一体誰が使うんや？」と思いましたが、スライサーにとっては見事にスライスが出ない（正確にはスライサーでもドローが打ちやすい）ドライバーです。右ＯＢを確実に減らしてくれる「魔法の杖」です。

もちろん、左にしか飛ばないドライバーはスライサーでもずっと使い続けられるわけではありません。アウトサイド・イン軌道が改善されれば、今度は左のＯＢに悩まされることになります。その時になったら、もう少し特性がニュートラルなドライバーを使えばいいのです。要するに、2段階でクラブを選ぶのが得策。そして、この方が「自分に合う、合わない」でクラブを選ぶよりもはるかに近回りなんです。

次回は、フッカーのためのクラブについてお話しましょう。

②上達したいならば、逆球が打てるクラブを使う。

クラブを選ぶ（クラブを買い替える）ポイントはいくつかありますが、多くのゴルファーに共通しているのが「どのクラブが自分に合っているのか」「自分に合ったクラブは何か」と考えがち。しかし前回も説明したように、自分に合ったクラブは、必ずしもゴルファーに有益なクラブになるとは限りません。また、ぴったり合ったクラブを手にしたからと言ってゴルフが上達するとも限らないからです（この理由は①で説明しています）。

前回はスライサーのためのドライバー選びについて説明しましたので、今回はフッカーのためのドライバー選びについて。スライサー同様、フッカーの場合も道具（クラブ）を変えた方が、余計な回り道をしないでスイング矯正できます。

具体的に言うと、

①オープンフェース（フェース角－２度以上）
②重心距離が長い（重心距離40ミリ以上）
③重心アングルが小さい（重心角が20度以下）

④リアルロフトが少なめ（10度表示でリアルロフト11度以下）
⑤シャローフェース（フェース高が54ミリ以下）
⑥シャフトは軟らかめで、トルクが多め（振動数250未満、トルク値4度以上）

フック、引っかけ、チーピン、いわゆる左へのミスに悩む人の多くは、左に飛ぶのを嫌がって軌道がインサイド・アウトになっています。フッカーの場合、左にボールが打ち出されるのが嫌。結果、無意識の内にボールを右に打ち出したくなり、ダウンで下半身の動きが過剰になり、それが原因でダウンでシャフトが寝てしまう(結果、インサイドから下ろし過ぎる)。インパクトゾーンでインから巻き込むように打つから、ボールに左回転が強くかかっています。

言い換えると、フックに悩んでいる人も、右にしか飛ばないクラブを使えば、スイングのことをあれこれ考えなくてもインサイドからあおる軌道が矯正されてきます。球筋が変われば、体はそれに対して勝手に反応します。プロがレッスンするよりも、道具（クラブ）を変えた方が短時間でスイングは変わるのです。ボールが右に飛び始めると(捕まらなくなると)、インからあおる必要がありません。また、右しか飛ばなくなると、今度は球を捕まえたくなる。球を捕まえたくなってくると、大抵のゴルファーはダウンで体の開きが早くなったり、今までよりも右手を使うようになって、ヘッドを外から下ろす感じになってきます。

今から10年ぐらい前（ヘッド体積がルールで460CC以内と定められる前です）、米国フロリダのPGAショーで500CC以上のドライバーがいくつか展示されており、それを現地で衝動買いしました（笑）。今となってはちょっと大きいぐらいのドライバーですが、それでも重心距離は45ミリ以上。重心アングルは18度未満。ここまで極端なスペックだと、インからあおって打っても絶対に引っかかりません。ボクだけでなく、数名のプロがフックを打とうとしましたが、すべてボールは右にプッシュアウト。フックを打とうと思っても打てないドライバーです。そして、右にしか飛ばないのが分かると、例外なくヘッドを外から下ろし、フォローも左に振り抜くようになるのを体感できました。

もちろん、右にしか飛ばないドライバーはずっと使い続ける必要はありません。フッカーもヘッドを左に振り抜いて、スライス系の球が打てるようになってくれれば、特性がニュートラルに近いドライバーに戻す。要するに、2本立てでクラブを選べばいいのです。

大事なことなので繰り返しますが、フッカーもスライサーも自分のミスを嫌がりながらスイングしています。これは例外がありません。そして、この悪循環を断ち切るには、まずは持ち球とは反対の球筋、いわゆる逆球が打てるクラブを一度は使ってみる。スイングをあれこれ考えながら練習するよりも、この方が手っ取り早いし、悪い癖を短時間で矯正できます。

次回からは、クラブ選びで重要なスペックの決め方についてお話ししましょう。

スライサー向けのクラブはフックフェースがいい。さらに重心距離が短めでリアルロフト多めを選ぼう。

フッカー向けのクラブは逆にオープンフェースがいい。さらに重心距離が長めでリアルロフト少なめを選ぼう。

③振り切れる範囲で重いクラブを使う。

キャロウェイの新しいレガシーと、ブリヂストンのXドライブGRだと「本当はどっちの方が飛ぶんですか?」。

この手の質問をホント良く受けます。また、ゴルフ雑誌の多くはそんなユーザーの興味(期待)に応えるべく、試打者の評価だけではなく、弾道計測器を使って実際の飛距離を表記しています。

さて、このドライバーの打ち比べ。ボクも「人間試打マシーン」とか呼ばれ、年間200~300本打っています。そしてもちろんのことですが、打ち比べればメーカー、モデルに飛距離の差が出ます。例えば10本打ち比べれば、一番飛ぶのと一番飛ばないのとでは5~10ヤードぐらい違ってきます。そして、試打してひしひしと感じるのがスペックの重要性。

スペックとは、

①クラブ全体の重さ
②パーツの重さ(ヘッド、シャフト、グリップ)
③クラブの長さ

④ロフト（正確にはリアルロフト）
⑤フェース向き
⑥重心位置（重心距離、重心高、重心アングル）

のことです。

これらが自分に合っていれば「飛ぶドライバー」になり、これらが自分に合ってなければ「飛ばないドライバー」になります。言い換えると、モデルの差によって発生する飛距離差よりも、スペックが「合う、合わない」ことによって発生する飛距離差の方が大きいと感じています。

ではスペックのどこにこだわれば、飛ぶドライバーを手に入れられるのか？

スペック選びで一番大事なのは重量です。シャフトが重いスチールだけの頃は、ドライバーの重量は350g以上あって、アマチュアには重過ぎました。ところが今は重量バリエーションが実に豊富。カーボンシャフトの登場により250g～320gぐらいまでのドライバーがゴルフショップに並んでいます。

結論から先に言うと、

軽いほど＝ヘッドスピードがアップする
重いほど＝スイングが安定する

飛ばすだけなら軽い方が有利に感じますが、実際はそうは問屋が卸してくれません。軽過ぎるドライバーを使うとテークバックが手打ちになりますし、コースに出た時に曲がりやすくなる。対して、重いドライバーを使うと軌道は安定する反面、ヘッドスピードが確実に落ちてきます。例えば重量を15g重くすれば、大抵の人は1m／s以上ヘッドスピードが落ちます。

抽象的ですが「振り切れる範囲で重い」クラブがベストです。そして適正重量を知るためには、ゴルファー自身が実際に軽いクラブと重いクラブを打ち分けてみること。理想は同じヘッドで、同じ長さ。それで重いクラブと軽いクラブを打ち分けてみる。そのときに、

①自分のパワーを出し切った時にヘッドスピードが落ちない
②ミート率（打点位置）が安定している

という2つの要素が満たされているのが、その人にとって適正重量です。例えば、ボクの場合、45インチだと315～320gがちょうど良く、どのモデルでもこの重さに揃えると、ヘッドスピードとミート率の

バランスが良くなります。実際、市販クラブを試打した時も、重さがこれに近いほど飛距離が出て、方向性も安定します。あるメーカーなどは、ボクにちょうどいいスペックをわざと送ってきたりします（笑）。

ちなみに「振り切れる範囲で重い」目安は（長さ45インチ）

40歳以下……310g±10g
40～50歳……305g±10g
50～60歳……300g±10g
60歳以上……290g±10g

ゼクシオを含め、市販ドライバーの多くは300gを切っていますが、これはアベレージ向けドライバーの対象ユーザーは、団塊の世代（60歳以上）だから。もちろん、団塊の世代でもパワーがあればわざわざ軽いドライバーを使う必要はありません。パワーに応じて少し重くした方が飛距離が伸びて、方向性も安定してくるでしょう。

ちなみに、弊社で販売している。シャフトスタビライザーはグリップ側の重量なので、ヘッドスピードはほとんど落ちませんので安心してご使用下さい(逆にミート率がアップして、飛距離が増える方がほとんどです！）。

次回はヘッド重量の重要性についてお話しましょう。

クラブは振り切れる範囲で重いものを選びたい。同じシャフトでも複数の重量がラインナップされているので、適切な重さを選ぼう。

④重いヘッドの方が飛距離を稼げる。

前回、スペック選びで一番大事なのは重量だと書きました。ヘッドスピードを上げたい（＝飛ばすだけ）ならクラブは軽い方が有利に感じますが、実際はそうは問屋が卸してくれません。自分のパワーよりも軽過ぎるドライバーを使うと、テークバックで体をしっかり使えません。クラブが軽いと手先だけでヒョイと上げてしまいやすくなるからです。

加えて、軽過ぎるクラブに馴れてしまうと体をしっかり使って振り切りにくくなり、手打ちを助長します。結果、「スイングの老化現象」を引き起こすことにもなるのです。

大事なことなので繰り返しますが、ドライバーからウエッジまで「振り切れる範囲で重い」クラブが本人にとってベストなクラブです。例えば、ドライバーの場合だと、45インチの目安は

40歳以下……310g±10g
40～50歳……305g±10g
50～60歳……300g±10g
60歳以上……290g±10g

ぐらいです。

そして重さについてもう少し話を掘り下げると、クラブ重量と同じぐらい大事なのがヘッド重量です。

昔のドライバーはどのモデルも長さが一定だったので（43インチ前後）、ヘッド重量は200g前後でした。ところが現在のドライバーは長さのバリエーションが豊富になったため、ヘッド重量にかなり幅があります。

市販ドライバーのヘッド重量を調べてみると、

◎188～203g

一番軽いヘッドと一番重いヘッドを比較するとその差は15g。たかが15gと侮らないで下さい。15g変わればヘッド重量が7～8％変化します。これは看過できる数値ではありません。軽いヘッドと重いヘッドを比較すれば、反発力に差が明らかに出ます。今のドライバーはルールで高反発フェース規制されていますが、反発力が同じフェースを採用しても、軽いヘッドよりも重いヘッドの方が反発力が増し、ボール初速が上がってきます。物理的にはヘッドは重ければ重いほど、飛びに有利です。

ただし、重いヘッドもメリットばかりではありません。クラブ重量同様、ヘッド重量も重くなるほど振りづらくなってヘッドスピードが落ちてきます。例えば、同じ長さで振り比べた場合、（シャフト、グリップ重量は同じ)、ヘッド重量が190gと200gとでは、後者の方がヘッドスピードが落ちてきます(ただし、ヘッドが重い分だけ反発力はアップする)。

抽象的ですが「振り切れる範囲で重い」ヘッドがベストです。そして適正ヘッド重量を知るためには、ゴルファー自身が実際に軽いクラブと重いクラブを打ち分けてみること。理想は同じヘッドで、同じ長さ。それで重いクラブと軽いクラブを打ち分けてみる。

①自分のパワーを出し切った時にヘッドスピードが落ちない

②ミート率（打点位置）が安定している

この2つの要素が満たされている範囲で重いのが、その人にとって適正ヘッド重量。そしてパワー(腕力)がある人ほど重いヘッドと相性が良く、パワー（腕力）がない人ほどヘッドを少し軽くした方が相性がいいです。ちなみに、一般男性の場合目安としては、

◎194~202g

ぐらいが適正ヘッド重量の目安です。

市販品では、テーラーメイド、マグレガー、そして新しいスリクソンなどは、ヘッド重量の調整が可能です。その中でもボクがお勧めしたいのがテーラーメイド「r7　425」。中古ショップに行けば1万円以内で購入可能ですし、ヘッドの挙動もニュートラル。少ない投資で、適正ヘッド重量を調べることができます。もちろん、アナライズでボクのフィッティングを受けていただければ、適正ヘッド重量をお知らせします。

ちなみにボクの場合はヘッド重量が200～202gがちょうど良く、195gだとヘッドが軽くて当たり負けした感じになります。コースに出た時に、軽い球になってしまいます。逆に203gを越えてくるとクラブを短めに作っても、ヘッドの重さに負けてしまい振り遅れたり、ヘッドスピードが落ちてきます。

2011年発売のドライバーを観ていると、アベレージ向けのみならず、アスリート向けドライバーも45・5インチ以上のモデルが目立ちます。長尺効果でヘッドスピードを上げてやろうとする意図は分かりますが、45・5インチ以上の場合、ヘッド重量が195g以下になる可能性が高いです。軽めのヘッドを使いたい人にはちょうどいいですが、重めのヘッドを使ってみたい人には、鉛を貼るなどの重量調整が必要になるでしょう。

次回はドライバーの長さの決め方についてお話ししたいと思います。

物理的には重いヘッドの方が飛距離性能は高くなる。しかし、同時に振りにくくなってしまうので、適正重量を選びたいところだ。

⑤シャフトの本当の硬さは「フレックス表記」では分からない。

ゴルフにもっとも適したこの時期、メーカー各社は来年発売モデルを次々と発表しています。SRI（ダンロップ）は新しいスリクソンZ－TX、ブリヂストンはXドライブ705、タイトリストは910シリーズ、キャロウェイは新ブランド、レイザーを発表。そして本日は、マグレガーの記者発表。マックテックがフルモデルチェンジし、3兄弟で登場しました。

さて、このドライバーのモデルチェンジ。モデルチェンジごとにどのメーカーも「飛び」と「やさしさ」を強くアピールしていますが、クラブを計測&試打して強く感じることがあります。それは、シャフトのフレックス表記が有名無実化していること。特にアベレージ向けと呼ばれるメーカー主力ドライバーは、モデルチェンジごとにシャフトが軟らかくなっています。そして、モデルによっては、RよりもSの方が軟らかいモデルがあったり、Sよりも硬いRがあったりします。ざっくばらんに言ってしまえば、メーカーが表記するRとかSとかの表記を見ても、シャフトの本当の硬さを知ることが非常に難しくなっています。

例えばブリヂストンのXドライブGR。純正シャフト「Tour AD B10-33w」の場合、Sの振動数が240cpm。これは10年前のRシャフトよりも軟らかいです。

かつては250cpm±5cpmぐらいが「R」シャフトの基準だったことを考えると、今どきのSは昔のRと同じ硬さ、もしくは少し軟らかいです。

また、同じメーカーであっても対象ユーザーが異なると、シャフトの硬さを大きく変えるモデルも増えてきました。

例えばマックテック。アスリート向きに黒（DP101）、セミアスリート向きに赤（DH101）そしてアベレージ向きに青（DS101）がラインアップ。それぞれ純正シャフトとしてフジクラのモトーレ（マックテックオリジナル）が装着されていますが、それぞれのSシャフトの振動数は以下のように異なっています。

黒（DP101）　262cpm（従来のS相当）
赤（DH101）　245cpm（従来のR相当）
青（DS101）　236cpm（従来のA相当）

振動数が10～15cpm異なると、ワンフレックス硬さが異なってきます。それを考えると、この3モデルのSシャフトは見事なぐらい硬さがワンフレックスずつフローしているわけです。メーカー側はそれぞれのヘッドは対象ユーザーが異なるので、対象ユーザーに合わせて硬さの設定を変えているのでしょう。これはマグレガーだけに限りません。多くのメーカーは統一基準でシャフトの硬さを決めることを止め、そのモデルを使うと思われるユーザーに合わせてシャフトの硬度（硬さ）を決めているわけです。

もう、ボクの言いたいことはお分かりでしょう。そうです、シャフトの硬さを決める時、「自分はSがちょうどいい」などと頭ごなしに決めつけてしまうと、必要以上に軟らかいシャフトを手にしたり、逆に、必要以上に硬いシャフトを手にする可能性が非常に高くなります。それを避けるためには、シャフトに貼ってあるRとかSとかというラベルではなく、実際に振ってみて硬さをチェックすること、そして自分のフィーリングだけでは不安ならば、客観的に計測したデータを元に硬さを決めること。誤解を恐れずに言うと、ラベルに頼らない方が「自分に合った硬さ」を見つけやすくなるのです。

ちなみに、振動数は主にシャフトの手元側の硬さを測っているので、同じ振動数であっても、振った時に感じる硬さが異なる場合があります。例えば、260cpmのシャフトの場合、先調子の260cpmと元調子の260cpmを比較すると、大抵の人は元調子の260cpmの方が硬く感じます。理由を簡単に説明すると、元調子の260cpmの方がシャフトの中間、先端側が硬くなっていることが多いのです。

次回はドライバーの硬さの決め方についてお話ししたいと思います。

「R」「S」「X」といったシャフトのフレックス表記は、統一基準がないため、同一シャフトの相対値でしかない。振動数であれば、ある程度比較することができる。

⑥硬いシャフトがいいのか？　それとも軟らかいシャフトがいいのか？

あるメーカー、具体的に言うとゼクシオでお馴染みのＳＲＩの山口哲男さんは自著「飛ばすため！　曲げないため！　クラブ&ボール本当の科学」（パーゴルフ新書）の中で、「一般的に、軟らかいシャフトの方がヘッドスピードをアップさせる効果が大きいといえます。スイング中にシャフトがしなり、そのしなりが戻ることで先端のスピードが高くなるからです」と語っています。その一方でシャフトメーカーやプロの中には「シャフトは硬い方が飛ぶ。シャフトが硬い方がしなり戻るスピードが速く、インパクトゾーンでヘッドを加速させやすいです」という人もいます。

物理的な側面から考えると、軟らかいよりも硬い方がしなり戻るスピードが速く、エネルギーロスも少ない分だけ、飛びに有利です。しかし、硬いシャフトは誰にでも扱えるわけではありません。自分のパワーよりも硬いシャフトを使ってしまうと、例えばドライバーのヘッドスピードが40ｍ／ｓ以下のゴルファーがＸシャフト（振動数２７０ｃｐｍ以上）を使うと、シャフトのしなりを上手く使えないだけでなく、力みやすくなってスイングを崩すことにもなります。

では、軟らかい方がいいかというと、そうとも言い切れません。自分のパワーよりも軟らかいシャフトを使うと、軽く振ってもシャフトがしなる。例えば、ドライバーのヘッドスピードが50ｍ／ｓ以上のゴルファーが女性用並に軟らかいシャフト（振動数２２０ｃｐｍ以下）を使うと、自分のパワーを出し切ろうとしない分だけ、ヘッドスピードが上がりづらくなるからです。

これまで、アマチュアのスイングを1000人以上分析して分かったのですが、ゴルファーは自覚するしないにかかわらず、シャフトの硬さが異なると振り方（スイングの仕方）がガラッと変わります。もちろん例外もありますが、大抵の人はシャフトが軟らかくなるほど力みません。ゆったり振ります。そして自分のパワーを出し切ろうとしなくなります。ダウンスイング軌道もアウトサイド・イン軌道が解消され、インサイドから振り下ろす感じになってきます。

他方、シャフトが硬くなるほど力みます。力むというとマイナスイメージになりますが、良い言いをすれば、自分のパワーを出し切ってしっかり振ろうとします。ただし、ダウンスイング軌道は切り返しで力みやすくなる分だけ（シャフトをしならようとして）、体の開きが早くなってアウトサイド・イン軌道の度合いが強くなる傾向があります。

そうです。シャフトは軟らか過ぎてもダメで、硬すぎてもダメです。ゴルファーによって最適な「硬さ」は異なり、自分にちょうどいい硬さを使うことが、エネルギーロスを減らせますし、タイミングも合わせやすくなって、飛距離と方向性が安定します。

では、どうすれば自分にちょうどいい硬さを見つけられるのか？

一般的にはヘッドスピードと硬さが比例関係にあると言われてますが、ヘッドスピードだけで選ぶのは禁物です。チェックするポイントは切り返し時のクラブの挙動。切り返しでヘッドがポンと上がってしまう人（切り返し時にコックがほどけてしまう人）というのは、ヘッドスピードの割に軟らかめのシャフトの方が、ダウンからインパクトにかけてシャフトのしなり戻りを上手く使え、エネルギーロスを減らせる分だけ、飛距離、方向性が安定します。

他方、ヘッドスピードが遅めの人でも、切り返しでヘッドがポンと上がらない人（切り返し時にコックがキープできる人）というのは、ヘッドスピードの割には硬めのシャフトの方が、体をしっかり使って振れる分だけヘッドスピードが上がります。また、硬いシャフトでもしなりを上手く使えるので、飛距離を出しやすく、方向性も安定します。女子プロはヘッドスピードが40m／s前後ですが、それでも硬めのシャフト（振動数245～260cpm）を上手く使えるのは、切り返しでタメをちゃんとキープできているからです。

硬さの目安としては、

【40m／s前後】

①切り返しでコックがほどける人は………振動数220～235cpm

②切り返しでコックをキープできる人は…振動数235～250cpm

【ヘッドスピード43m／s前後】

①切り返しでコックがほどける人は………振動数230〜245cpm
②切り返しでコックをキープできる人は…振動数245〜260cpm

【ヘッドスピード46m／s前後】
①切り返しでコックがほどける人は………振動数240〜255cpm
②切り返しでコックをキープできる人は…振動数255〜270cpm

【ヘッドスピード49m／s前後】
①切り返しでコックがほどける人は………振動数250〜265cpm
②切り返しでコックをキープできる人は…振動数270cpm以上

大体この範囲の中で、切り返しで力まない範囲で硬いシャフトを選んで下さい。硬い方がエネルギーロスが少ないですし（しなり戻るスピードも総じて速くなる）、体をしっかり使って振り切れる分だけ手打ちを防止できますし、ヘッドスピードも上がってきます。

ただし例外もあります、慢性的に力む人や、アウトサイド・イン軌道のカット打ちがひどい人の場合、一時的ですが、極端に軟らかいシャフトを使うことを強くお勧めします。このタイプの人はシャフトを軟らかくすることで力みが抜けますし、インサイドから下ろす感じもつかみやすくなるからです。このタイプの人はスイングが良くなってから、シャフトを硬くした方がスイングが良くなりますし、飛距離、方向性も安定してきます。

次回はシャフトの調子の選び方について説明しましょう。

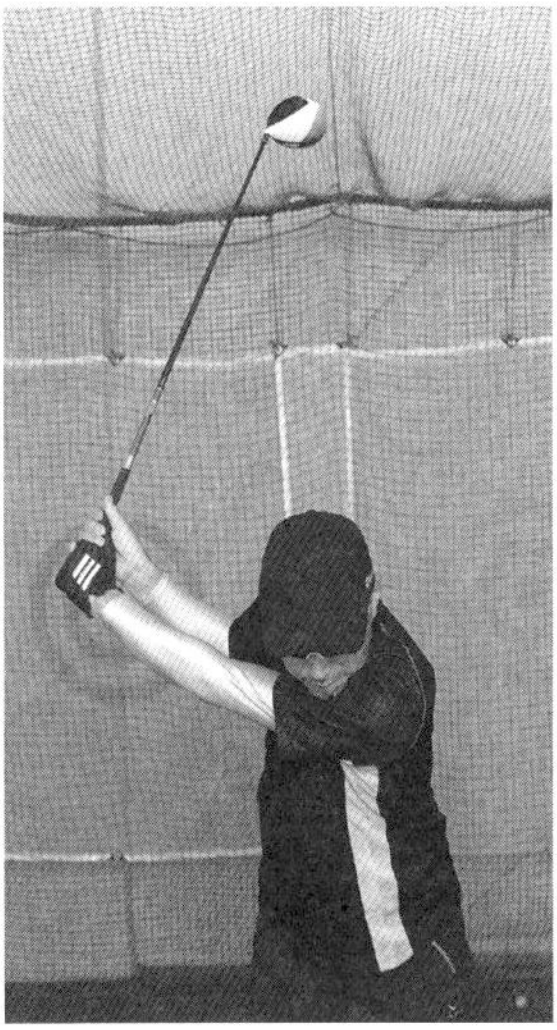

切り返しでヘッドが上がってしまう人は、ヘッドスピードが速めでも軟らかめのシャフトが合う。

切り返しでヘッドが上がらない人は、ヘッドスピード遅めでも硬めのシャフトが合う。

⑦シャフトの「粘り」と「弾き」の見極め方。

「このシャフトは弾き感がいいよね～」「このシャフトは粘り具合が絶妙で振りやすい～」等々、シャフトのキャラクター（テイスト）を評価する上で必ず出てくるのが「粘り」と「弾き」。感覚的な表現ですが、ゴルフ雑誌やシャフトメーカーのカタログには良く出てくる言葉です。

さて、この「粘り」と「弾き」。実際にボールを打った時に粘った感じがするシャフトを「粘り系」、実際にボールを打った時に弾いた感じがするシャフトを「弾き系」と分類しています。ボクもシャフトを試打した時に、そのように評価を下してましたが、最近は数値でも分類するようにしています。何故かと言うと、数値には錯覚や誤解が入る余地が無いからです。

では、シャフトのどこの数値を見れば、「粘り系」と「弾き系」を分類できるのか？

『チャレンジ　リシャフト２０１１』（学研）という本でヤードスティックの山代谷哲男さんも解説していますが、シャフトの手元側と中間部分の硬さの違いをチェックすることで、そのシャフトが「粘り系」なのか「弾き系」なのか分類できます。

例えば、今ボクが使っている「クレージーＴＪ４６」というシャフト。クレージーはすべてのモデルで「弾き感」が強いシャフトとして定評ありますが、このシャフトの剛性分布を調べると手元側が硬いだけでなく、中間部分もかなり硬めです。このため切り返した時にシャフトの中間部分のしなりが少なめ。結果、ダウンからインパクトにかけてシャフトが小さく鋭くしなり戻るために、多くのゴルファーは「弾き」を感じます。また、調子との関係で言えば手元調子系のシャフトの多くは「弾き系」です。

【典型的な弾き系シャフト】
①クレージーはほぼすべてのモデル
②ディアマナDシリーズ、ディアマナアヒナ
③FUBUKI αシリーズ

対して、クレージー同様、シャフトの手元側が非常に硬いシャフトとして、グラファイトデザインのEVシリーズがあります。こちらはクレージーとは対象的に、手元側に対して中間部分がかなり軟らかく設計されています。手元側と中間部分の落差が大きいタイプは、切り返した時にシャフトが大きくしなる。いわゆるムチを振った時のようにシャフトが大きくしなった感じになるために、多くのゴルファーは「粘り」を感じます。そして一般的には、中間部分が硬くないシャフトの方がシャフトのしなる量が「多い」と感じます。

【典型的な粘り系シャフト】
①ロッディオSシリーズ
②ツアーAD　EVシリーズ

弾性率が高い繊維を使うと弾き感が増す場合もありますが、それよりも弾きに影響が大きいのは「シャフト中間部分の硬さ」です。クレージーの場合もそうで、弾性率が高い繊維を使っているだけでなく、他のシャフトに比べると中間部分が非常に硬く、それが「シャープな弾き感」を生み出しているわけです。

同じ振動数のシャフトを比較した場合、「弾き系」のシャフトの方が振った時に「硬く」感じますし、ゴルファーによってはタイミングが取りづらく感じたりします（シャフトの遊びが少ないため）。対して、「粘り系」のシャフトの方が振った時に「軟らかく」感じますし、しなりを感じやすいためにタイミングが取りやすく感じます。

ちなみに、ボクがシャフトを評価する場合、この数値だけでなく、しなり戻りのスピードも考慮します。しなり戻るスピードが遅く感じるタイプは「粘り系」、しなり戻るスピードが早く感じるタイプは「弾き系」に分けています。

飛距離アップを狙うにしろ、方向性を安定させるにしろ、ゴルファーは自分のタイミングとシャフトの挙動がマッチしたシャフトを使うことが不可欠です。

シャフトのテイストとスイングのマッチングについては、また機会を改めて説明しましょう。

中間部のしなりが 多いのが「粘り系」。同じ振動数だと軟らかく感じることが多い。

中間部のしなりが少ないのが「弾き系」。同じ振動数だと硬く感じることが多い。

⑧ドライバーのヘッドスピードが40m／s以下ならば、手元がしなるシャフトを選ぶべし。

重さ、硬さ、トルク……。シャフトを選ぶ場合、この3つのスペックを吟味しますが、もうひとつこだわってほしいポイントがあります。それは調子。キックポイントとも呼ばれてますが、大別すると、元調子、先調子、中調子、そしてダブルキックポイントの4種類に分けられます。それぞれの特性を簡単に説明すると、

①元調子（キックポイント　ハイ）

スイングした時（切り返した時）、手元側のしなりを感じやすいシャフト。元調子の多くはシャフトの先端側が硬い（先調子のシャフトに比べて）。先端側が硬いことから弾道を低く抑えやすく、捕まり過ぎない。

代表シャフト……三菱レーヨン「FUBUKI α」、「ディアマナ アヒナ」、フジクラ「モトーレ スピーダー VC6・2」

②先調子（キックポイント　ロー）

スイングした時（切り返した時）、シャフトの手元側が硬く感じ、中間から先端側のしなりを感じやすいシャフト。インパクトゾーンでシャフト先端側がムチのようにヒュッと走る。先調子の多くは先端側が軟らかい

（元調子のシャフトに比べて）。先端側が軟らかいことから高弾道を打ちやすく、ヘッドが返りやすい分だけ捕まりがいい。

代表シャフト……グラファイトデザイン「クアトロテック」、フジクラ「モトーレ スピーダーVC６・０」

③中調子（キックポイント　ミドル）

スイングした時（切り返した時）、シャフト中間付近のしなりを感じやすいシャフト。一般にはシャフトの手元側と先端側が硬い。また、元調子でもなく先調子でもないシャフトについても中調子と表記されることが多い。先調子のシャフトに比べると先端側が硬めのモノが多いので、中弾道、そして捕まり過ぎない。

代表シャフト……グラファイトデザイン「ＰＴシリーズ」、マミヤ「アッタス」「アッタスＴ２」

④ダブルキックポイント

切り返した時には手元側のしなりを感じやすく、インパクトゾーンではシャフトの先端側のしなりが大きいシャフト。シャフトの手元側と先端側が軟らかく作られているため、スイング中、しなるポイントが２つあることからダブルキックポイントと呼ばれる。ダウン前半ではシャフトがタメを作ってくれ、インパクトゾーンでは先がしなるために捕まりが非常にいい。

代表シャフト……三菱レーヨン「ディアマナ イリマ」グラファイトデザイン「Ｍ６５」

調子と球筋の関係についてはゴルフ雑誌でも紹介されていますが、シャフトの調子でもうひとつ皆さんに理解してほしいことがあります。それは、調子が変わればスイングにも少なからず影響が出ます。例えば、「スライサーは先調子と相性がいい」と言われてますが、先のしなりが大きいシャフトの方が、インパクトゾーンでヘッドが返りやすいからです。

しかし、この考え方には落とし穴もあります。スライサーの多くはトップからダウンの切り返しでタメ（コック）がほどけがち。このため、手元が硬い先調子のシャフトを選んでしまうと、ますますタメ（コック）がほどけやすくなるからです。タメがほどけやすい人の場合は、手元がしなるシャフトを使った方が、シャフトがタメを作ってくれますし、この方が軌道も良くなります。スライサーに関して言えば、先調子のシャフトよりも、ダブルキックポイントのシャフトを使った方が、道具（シャフト）がミスを防いでくれますし、右曲がりの度合いも軽減できます。また、先調子のシャフトを選ぶ場合は、手元側が硬くないシャフトを選んで下さい。

切り返しでタメ（コック）がほどけているかどうかは、ヘッドスピードでおおよそ見当が付きます。一般男性の場合、切り返しでタメ（コック）がキープできていればヘッドスピードが42m／s以上は出ます。他方、ヘッドスピードが40m／sを下回っている人の大半は、切り返しでタメ（コック）がほどけていると思って間違いありません。タメがキープできないからヘッドスピードが上がらないわけです。ですので、ボクはヘッドスピードが上がりづらい人には、スライサーならばダブルキックポイント、左のミスを減らしたい人には元調子（手元がしなる）のシャフトを勧めています。

他方、手元調子は捕まりを軽減できると言われていますが、これにも例外があります。ハンデ10〜16ぐらいで、ここ一番でチーピンや引っかけがでやすい人の場合は、手元調子（先端が硬いシャフト）は、余計に引っかかりやすい。このタイプのゴルファーはダウン後半でシャフトが寝ている、いわゆるインサイドからあおり打つ感じになっています。結果、シャフトをねじって下ろす感じになるため、先が硬い方がねじった反動でねじり戻りも強くなり、インパクトでフェースが被りやすくなるからです。左が危険なホールでチーピン、引っかけが出やすい人の場合は、元調子（先が硬いシャフト）よりも中調子、もしくは手元のしなりを感じやすい先調子のシャフトを勧めています。具体的には日本シャフトのGTシリーズ、グラファイトデザインのツアーADのWシリーズ。どちらのシャフトともダブルキックではありませんが、手元側のしなりを感じやすい先調子シャフトです。

そして、もうひとつ調子について説明しましょう。先調子、ダブルキックポイントといった先がしなるシャフトというのは、インパクトゾーンでヘッドの走り感が強いシャフト。インパクトゾーンでヘッドを走らせるイメージを持っている人と相性がいいシャフトです。言い換えると、先調子、ダブルキックポイントというのはクラブ全体を振るイメージではなく、ヘッドを振るイメージが出やすいシャフトです。

対して、元調子、中調子というのはシャフト先端側が走りません。結果、ヘッドを振るイメージよりも、クラブ全体を振るイメージが出ます。このため、元調子は体全体でスイングするイメージが出やすいシャフトです。

この違いを考えると、タメがほどけやすい人、手打ちになりやすい人においては、自分のスイングが確立するまでは元調子、中調子のシャフトをお勧めします。元調子、中調子の方が、切り返しでタメ（コック）を保持する感覚を養えますし、体全体を使ってしっかり振り抜くことを覚えやすいからです。

次回はシャフトのトルク（捻れ）とスイングの関係について説明しましょう。

シャフトの特性を最も感じられるのが切り返し直後。ここを意識して振ってみよう。

⑨フッカーはトルクが多め、スライサーは少なめのシャフトと相性がいい。

トルクとはシャフトが捩れる度合いを数値化したもので、例えば、3・0と5・0を比較すると、5・0の方が捩れやすい（トルクが多い）シャフトとなります。ちなみに、数字で表記されるのは、トルクを計測する時、ある一定の負荷をかけた時にシャフトが何度捩れるかを計測しているからです。

昔はトルクが少ない方が飛ぶと言われたり、トルクが少ない方がいいシャフト（高価なシャフト）だと言われてました。捩れない方がエネルギーロスが少ない。だから飛ぶと言われたのでしょう。また、20年以上前は、低トルクのシャフトを作るのには非常にコストがかかり、それが価格に影響を及ぼしていたからです。

その一方で、最近のドライバーはトルクが多めのシャフトが装着されるケースが増えてきました。メーカーのカタログを見ると、平気でトルク5度以上のシャフトが装着されていたりします。メーカーもゴルファーもトルクに対する考え方が変わってきたのでしょう。

さて、このトルク。トルクが「多い、少ない」は何に影響を及ぼすかと言うと、フレックス（硬さ）と捕まり具合に影響が少なからず出ます。

例えば、同じ振動数のシャフトが2本あり、1本はトルクが3・0。もう1本はトルクが5・0あるとしましょう。この2本のシャフトを振り比べると、ほとんどのゴルファーは後者（トルク5・0）の方が軟らかく感じます。トルクが大きいほど、スイング中にシャフトが捩れやすくなりますが、その捻れをゴルファーは「軟らかさ」と勘違いしてしまうからです。例えば、三菱レーヨンの青マナ。このシャフトは振動数が硬めですが、実際にスイングすると振動数ほど硬く感じません。これもトルクが少し多めに設定されているからです。

また、トルクというのはクルマに例えると、ハンドルの遊びのようなモノです。遊びが少ないハンドル（トルクが少ない）よりも、遊びが多いハンドル（トルクが多い）の方がシャープさに欠ける反面、ミスに対する許容度が大きい。これも軟らかさに影響が出ていると思われます。

次に、捕まりに関しては、トルクが大きいほどダウンからインパクトにかけてフェースが開きやすくなります。ゴルフクラブ、特にドライバーはシャフトの延長線上に重心がありません。シャフトよりも後ろ側に重心があるため、スイングする時はシャフトはフェースが開く方向に捩れやすくなります。このため、トルクが多いシャフトほどインパクトでフェースが開きやすく（フェースが被りづらく）なります。他方、トルクが少ないほど、シャフトが捻れにくい分だけフェースが開きづらく（フェースが被りやすく）なります。

言い換えると、インサイドからあおるフッカーの場合、低トルクよりも高トルクの方が、フェースが被りづらい分だけ左のミスを軽減できます。逆もしかり。スライサーの場合は、トルクが少ない方がスイング中にフェースが開きづらい分だけ右へのミスを軽減できます。

ちょっと専門的になりますが、ヘッドスピードが速くてチーピンやフックに悩む人の場合でしたら、フレックス（振動数）は高めで、トルクが多めのシャフトがお勧め。こういうシャフトを選ぶと、ミスした時（インからあおった時）でも左のミスを軽減できます。逆に、スライサーでヘッドスピードが遅めの人ならば、フレックス（振動数）は低めで、トルクが少ないシャフトがお勧め。こういうシャフトを選ぶと、ミスした時にコスリ球が出づらくなります。かつては「硬い＝低トルク」「軟らかい＝高トルク」というシャフトしかありませんでしたが、今は違います。設計&製造技術の進化により、硬くてもトルク感があるシャフトもあれば、女性用のフレックス（硬さ）なのに、トルクが非常に少ないシャフトも市販されています。

また、前述したようにトルクはハンドルの遊びのようなもの。スイング軌道が不安定な人や、トップでクラブが暴れやすい人の場合、トルクが多い方が、クラブの軌道が安定しますし、ミート率も良くなります。これはスノボの板や靴と同じで、トルクが多い方が反応が鈍い分だけ（自分の意志が伝わりづらい分だけ）、ミスを道具（クラブ）がカバーしてくれます。スイングが不安定ならば、トルクは多めの方が振りやすく感じますし、スイングにも好影響が出ます。矛盾するかも知れませんが、初心者でスライスに悩んでいる場合は、トルクは多めをお勧めします。シャフトのトルク（捻れ）を利用した方が、ヘッドを返す感じをつかみやすいからです。

他方、操作性を求めるならば、トルクが少ない方がいい。トルクが少ない方が自分の意志がヘッドに伝わりやすく、ドロー、フェードを打ち分けやすくなってきます。ただし、トルクが少ないほど、悪い動きもそのまま道具（クラブ）にダイレクトに伝わってしまい、ミスが助長される危険性が高まります。

ちなみに、シャフトに表記されているトルク値には統一基準がありません。メーカー側が独自に計測しているので、単に数値を比較するのは危険です。捩れる度合いについては、自分で計測しましょう。右手でヘッドを持ち、左手でグリップを持ったら、そこから「ぞうきんを絞るように」グイッと捻ってみて下さい。トルクが少ないシャフトはほとんど捩れませんし、トルクが多いシャフトはグニャリと捩れます。ボクは、この方法でトルク値を探っています。かなり原始的な方法ですが、これでチェックすると、まず間違いが生じません（笑）。

次回はフェアウェイウッドの選び方についてお話しましょう。

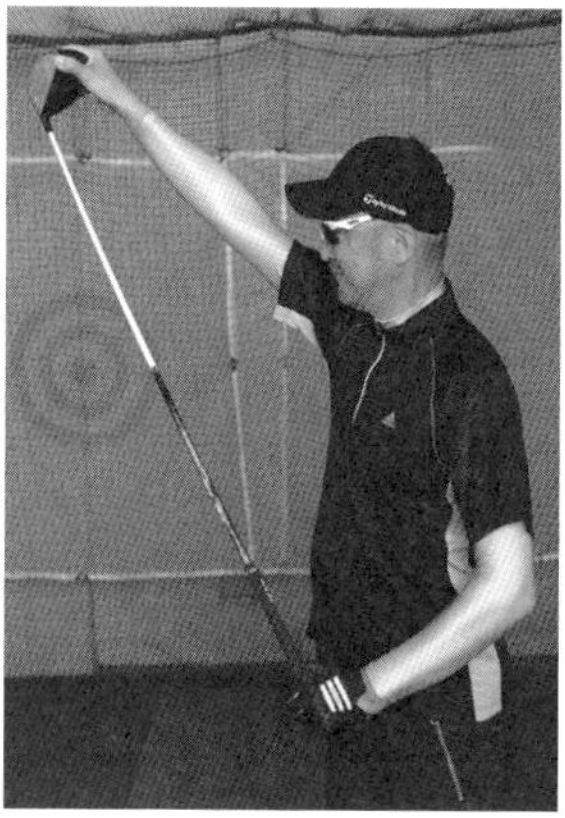

トルクにも統一基準がないため、メーカーごとに公表している数値を比較するのは危険。筆者はシャフトをねじってトルクを測っている。

⑩1本目のフェアウェイウッドを何にするのかは、ドライバーのロフトで決まる。

ドライバーの次に飛ばしたいクラブと言えば、そうですフェアウェイウッド（以下FW）でしょう。説明するまでもありませんが、ドライバーの次に長いのはFW。ドライバーの次にロフトが少ないのもFW。なぜそうなるかと言うと、クラブは長い方が飛距離を出しやすいし、ロフトが少ない方が飛ばしやすいからです。例えば3Wと7Wをナイスショットした場合、3Wの方が飛ぶのは、長くて、ロフトが少ないからです。

ただし、ドライバーと違ってFWは地面から打つクラブ。地面から打つ場合、長い方が打ちづらさを感じ、そしてロフトが少ない方がボールが上がりづらく感じます。例えば3Wよりも7Wの方がやさしく感じ、実際ミスも出づらいのは7W。7Wの方が短くて、ロフトが多いからです。

要するに、FWというのは、ドライバーよりも「相反する要素」が求められるクラブ。そして、番手によって「相反する要素」の割合、比率が変わってきますし、ゴルファーによっても「相反する要素」が異なってきます。なので求められる要素が変われば、自分に合った1本、自分に合ったクラブというのもガラッと変わってきます。弊社のT島が「誰が打っても飛ぶドライバー」はないと、ツイッター上でよくつぶやいていますが、FWはドライバー以上に「誰が打っても飛ぶFW」はないのです。

ちなみに、プロ、トップアマが「このFW飛ぶよ！」というFWは、アマチュアにとっては飛ぶFWになりづらいです。キャロウェイの初代スチールヘッドの３Ｗや、アニカ・ソレンスタムが使っていたスチールヘッド＋の４＋は「ぶっ飛びＦＷ」としてゴルフ雑誌でよく取り上げられましたが、この２モデルとて普通のアマチュアが使えば、「難しいＦＷ」になってしまいます。理由は単純、この２モデルは重心が低すぎて、普通のヘッドスピードだとボールがちゃんと上がってくれないからです。

では、何を基準にしてＦＷを選べばいいのか？

鍵を握っているのが、今使っているドライバーのスペック。具体的に言うと、クラブの長さ、重さ、リアルロフト（表示ロフトではなく、実際に計測したロフト）、フェースの向き、そしてヘッドの返りやすさ（重心距離）の数値。

例えば、表示10・5度のドライバーでちょうどいい高さの弾道を打ってるアマチュアゴルファーがいたとしましょう。そして、３Ｗは持っているけど上手く打てない……。

こういう場合、打ち方に問題があるだけでなく、クラブに問題がある場合が少なくありません。アナライズのスタジオでは市販ドライバーを１０００本以上計測してますが、表示10・5度のドライバーの多くはリアルロフトが11~12・5度。対して、３Ｗのロフトを調べると、15度表示でリアルロフトが15度前後……。そうです。ドライバーのリアルロフトが12度でちょうどいい人の場合、15度ではロフト不足。ロフトが足りないために上手く打ってもボールが満足に上がりません。そして、上がらないのが分かると、今度は自分でボールを上げたくなって、すくい打ったりすることになりミスを助長してしまうのです。

スイングの仕方（ヘッドの入射角）、持ち球、ヘッドスピードによっても異なりますが、アマチュアの場合、ＦＷで打てるロフトは「ドライバーのリアルロフト＋４～５度」です。

例えば、リアル12度のドライバーでちょうどいい人ならば、最初のＦＷでは16～17度は必要。番手で言うと、３Ｗではなく４Ｗや５Ｗが「地面から打った時」、飛距離とやさしさのバランスが良くなる。そして、実際に使ってみてもスイングに悪影響が出ませんし、使い勝手がいいと感じ、安定して飛距離を稼げます。

ちなみにプロの場合、ドライバーのリアルロフトが10度で３Ｗのロフトが13度ぐらいの人が結構いますが、彼らの場合、ティアップしなくてもドライバーがちゃんと打てるだけの技術がある。だからロフト差が３度でも全然問題なく使えますし、直ドラで打つのにくらべたら、13度のＦＷは全然難しくありません。やさしく使いこなすことができるのです。アマチュアでも13度のＦＷを上手く打つ人がいますが、そういう人も例外なく直ドラがちゃんと打てます。


たかがロフトと思うかも知れませんが、ロフトが２～３度変わったら弾道が変わるだけでなく、見た目の感じもガラッと変わります。５Ｗは人並みに飛ぶのに３Ｗが上手く打てない。トップやチョロが出てしまう……。こんな場合、ミスの半分以上は道具（クラブ）に問題があるのです。もし、３Ｗ（リアルロフト15度）を打ちこなしたいと思うのであれば、横峰さくらプロのように直ドラを練習し、直ドラでキャリー２００ヤードぐらい出せるようになって下さい。これができればヘッドスピードが40m／sぐらいであっても、15度の3Wでしっかり飛距離を出せますし、苦手意識もすっかりなくなり「FWはやさしい」と自信を持って言い切れるようになるでしょう。

次回もFWの選び方の続きです。

フェアウェイウッド、中でも3番ウッドは地面から打つ最も難しいクラブだ。ハードスペックを選んでしまうと使えないクラブになってしまうことも少なくない。ドライバーのリアルロフトに合わせて選べば失敗することはないだろう。

⑪メーカーが重いフェアウェイウッドを作らない理由。

新年あけましておめでとうございます。

1月4日の今日、ネットでも話題になっていたテーラーメイドの「R11」が正式発表になりました。ドライバーだけでなく、FW（フェアウェイウッド）もラインアップされています。週刊ゴルフダイジェストでは永井延宏プロがドライバーを緊急試打し、その試打インプレッションが紹介されています。ボクの手元にもテーラーメイドから大層立派な箱入りプレスリリースが届きました。

さてこの「R11」。ヘッドの色がど派手な「白」。そのビジュアルに多くのゴルファーが注目してますが、ボクが真っ先にチェックしたのがドライバーとFWのシャフト重量。前回のメールマガジンでT島が「FWはドライバーよりも少し重いシャフトがいい」と書きました。ドライバーが45～46インチに対して、3Wは43インチが基準。2インチ以上の長さの違いを考えると10g前後重くした方が「振り心地」が同じになるからです。言い換えると、打ちやすいFW、ミスが出づらいFWを求めるならば、シャフト重量にこだわって下さい。

例えば、ドライバーのシャフト重量が50gならば、3Wからは55～65gのシャフトを使う。これだけで、FWの安定感はグッと増してきます。

では「R11」はどうだったのか？

純正シャフトについてはドライバーもFWもまったく同じシャフト。RとSRにはモトーレ55（50g台）、SとXにはモトーレ60（60g台）が装着。このため、例えば、ドライバーのSシャフトが「60g」なのに対し、3WのSシャフトは「57g」。3グラム軽いのは、3Wの方がシャフトの長さが2インチ以上短いからです。

ドライバーよりも3Wの方がシャフト重量が軽い！

クラブセッティングの観点から考えると、これは決して望ましいことではありません。2インチ以上短いクラブの方が、シャフトが軽い（もしくは同じ重量）と振った時に軽く感じ（特に手元側の重量）、トップや引っかけが出やすくなるからです。セッティングの基本から考えると、ゴルファーに打ちやすいクラブを提供しているとは思えません。

では、なぜクラブメーカーはわざわざセッティングの流れを無視したようなシャフトを装着するのか？

ここからはボクの推察ですが、多くのメーカーは「あるメーカーの失敗」を教訓にし過ぎ、それが原因でFWのシャフト重量を重くすることに強い抵抗感があるのでしょう。

今から10年以上前だったと思いますが、キャロウェイとPRGRでは、FWにドライバーよりも10gほど重いシャフトを装着していました。それに対して、他社はドライバーと同じ重量のシャフトをFWに装着。例えるならば、ビデオのベータとVHSのような図式になっていました。で、市場（ゴルフショップ、ゴルファー）がチョイスしたのは、軽いシャフトです。

重いシャフトを装着したキャロウェイとPRGRのFWよりも、ドライバーと同じ重量のシャフトを装着したメーカーのFWの方が販売実績が上がりました。結果、その翌年から、キャロウェイとPRGRもシャフト重量をガラッと見直し、FWにもドライバーと同じ重量のシャフトを装着。それ以降は、ほとんどのメーカーはFWのシャフト重量を見直していません。「重い＝売れない」という図式がFWの常識になってしまい、FWのシャフト重量を重くすることに対して、ネガティブなスタンスを取らざるを得ないのでしょう。

ゴルフ業界に限りませんが、日本では一度失敗すると、「それはタブー」という風潮が定着化し、セカンドチャレンジがまず認められません。また、モノが売れないこの時代に他社がやらないことに対して、チャレンジすることが非常に難しい。失敗が許されない空気があるからです。こういう背景があるために、シャフト重量を変えることが非常に難しいのです。

話が大げさになってすみません。

本題に戻りましょう。もし、FWが上手く当たらない、トップやチョロ、引っかけが出やすいならばシャフト重量が軽い（ドライバーに対して）ことが原因になっていることが結構あります。

たかがシャフト重量と思うかも知れませんが、シャフトの重さが10g変わったら明らかに振り心地が変わります。テークバックが浅くなるのを防止できますし、切り返しで打ち急ぐのも防げます。ヘッドスピードを上げるという点では少し不利ですが、それを除けば、シャフトを少し重くするだけでかなり打ちやすくなるのです。

「FWは難しい」と感じているならば、今使っているFWのシャフトの重量をチェックして下さい。ドライバーと同じか、ドライバーよりも軽いシャフトを使っているならば、ミスの原因はクラブにもあります。FWはロフトが少し多めでシャフトを少し重くする。これだけでずいぶんと打ちやすくなりますし、ゴルファーの強力な武器になるのです。

フェアウェイウッドはドライバーよりも重くなければならない。そのためには、ドライバーよりも重いシャフトを選ぶこと。それだけでグンと打ちやすくなるはずだ。

⑫プロやトップアマが古いフェアウェイウッドを好んで使うには理由がある。

「ＦＷは難しい」と感じているならば、今使っているＦＷのシャフトの重量をチェックして下さい。ドライバーと同じか、ドライバーよりも軽いシャフトを使っているならば、ミスの原因はクラブにもあります。ＦＷはロフトが少し多めでシャフトを少し重くする。これだけでずいぶんと打ちやすくなりますし、ミスショットも確実に減らせます。と前回書きました。

ではヘッドでは、どこにこだわればいいのか？

ヘッドに関しては、やさしさを求めるのか、飛距離性能を求めるのかで選び方がガラッと１８０度変わります。まずやさしさを求めるならばポイントは３つ。

①とにかくフェースが薄べったい（シャローフェース）
②とにかくヘッドが大きい（投影面積が大きい）
③とにかくフェースが出っ歯になっている（フェースプログレッション大）

ＦＷのやさしさとは「ボールの上がりやすさ」です。ＦＷが苦手な人はボールがちゃんと上がらないのが悩みの種だからです。フェースが薄い方が見た目にやさしく、スピンもかかりやすいのでボールが上がりやすい。シャローフェースなほどすくい打ちのミスも出づらくなります。投影面積が大きいＦＷは見た目に安心感があり、物理的には慣性モーメントが大きくなりやすい分だけ、ミスヒットにも強い。そして、最後のフェースプログレッション。出っ歯は見た目に構えづらいですが、フェースが前に出ている方がボールを拾いやすい分だけボールが上がりやすくなるからです。

具体的なモデルとしてはマルマンの歴代シャトル&シャトルエースシリーズは、上記の３つの要素がすべて盛り込まれ、非常にやさしいＦＷ。純正シャフトが非常に軽い（50g以下）ので対象ユーザーが非力な人や女性に限られますが、やさしさは群を抜いています。やさしいＦＷを求めるならば、中古で歴代シャトルを購入して60～70gのシャフトにリシャフトするのもありです。他ではプロギアのeggシリーズやマグレガーのマックテックもやさしいＦＷの代表格です（いずれもシャフトが軽いので、一般アマチュアが使うには、リシャフトが必要）。

次に、飛距離性能を求めるならば、中古のＦＷがオススメ。ツアープロの使用率が高い旧モデルのＦＷはぶっ飛び指数が高いです。具体的に言うと、キャロウェイの初代スチールヘッド、2代目スチールヘッド+。テーラーメイドのファイアーソール、初代Ｖスチール、初代バーナーＴＰ。クリーブランドの初代ハイボア。ナイキのＴ４０ツアー。

これらのＦＷに共通しているのは、とにかく重心が低いこと。ドライバー同様、ＦＷも低重心なほどスピンが減り、放物線弾道で飛距離を稼げます。ただし、低重心に作るほどボールが上がりづらく（スピンがかかりづらいために）、難易度が増してきます。このため、多くのメーカーはモデルチェンジのたびに低重心の度合いを減らす傾向にあり（ボールを上がりやすくするために）、最近のモデル、そして新製品では低重心に作られるＦＷが非常に少ないです。ツアープロが昔のＦＷを長く使うのは、昔のモデルの方が「飛ぶ弾道を打ちやすい」ことを肌で感じているからです。

そして、ここからは裏技。ＦＷをセッティングする場合、番手によってわざとクラブの性能を変えてやるのもアリです。

例えば、３Ｗ、５Ｗはボールをやさしく上げたいならば「シャローで出っ歯」なタイプをチョイス。オートマチックにボールが上がってくれる７Ｗは「ディープで低重心」タイプをチョイスする。７Ｗだけ吹き上がらないタイプを使うことで、吹き上がりづらい弾道を手に入れられ、風に強い弾道を打つことができます。そして、こういう場合もシャフトだけは、ちゃんと同じタイプ、重量フローを意識してリシャフトする。

ヘッドが異なってもシャフトがちゃんと揃っていれば、番手の流れが崩れることはありません。それぞれの番手で個性を活かしながら、かつ全体の流れを良くできます。

中古ショップに行けば、プロが使っているＦＷを1万円以下で手に入れることが可能です。リシャフト前提でお買い得な中古ＦＷを購入。ＦＷ選びは、これが一番賢い選択だとボクは思います。

やさしさ重視ならヘッドが大きく、シャローフェースのものを選ぶ（右）。飛距離重視ならとにかく低重心モデルを選ぶ（左）。番手によって性能の違うフェアウェイウッドを選ぶのも、裏技として考えてみよう。

⑬フェアウェイウッドをリシャフトする時は、シャフト重量と調子にこだわろう。

ドライバーはそれなりに上手く打てるのに、FWを手にした途端、トップやダフリを連発してしまう……。大事なことなので繰り返しますが、FWはロフトが少し多めでシャフトを少し重くする。これだけでずいぶんと打ちやすくなりますし、ミスショットも確実に減らせます。

にもかかわらず、ゴルフショップに並んでいるFWを調べてみると、これに当てはまるFWは非常に少ない。ほとんどのメーカーは、3Wというとロフトを15度に設定。ロフトが少ない方が「飛ぶ」というイメージが強いこともあって、ロフト16度とか17度の3Wを作ろうとしません。シャフトもしかり。ドライバーと同じ重量のシャフトを装着したり（結果、FWの方がシャフト長が短い分だけ軽くなる）、モデルによってはドライバーよりもFWの方が軽いシャフトを装着しているモデルもあったりします。

では、なぜメーカーは「わざわざ打ちづらい」FWを作ってしまうのか？

シャフトについては、一番は簡単にヘッドスピードが上がるからでしょう。アマチュアの大半はFWを購入する時、ドライバーと打ち比べてFWを選びません。ショップで試打する時もFWを選んでいる時はFWだけです。このため、軽いシャフトの方がヘッドスピードが上がりますし、弾道計測器を用いた時はその方が飛距離が出ます。

そしてもうひとつの理由は他社との比較。例えば、A社のFWには55gのシャフト、B社のFWには50g

のシャフトが装着されているとしましょう。この2本を同時に試打した場合、大抵の人は軽い方が振りやすく感じますし、ヘッドスピードも上がってきます。重い方が安定感がありますが、ショップの試打でゴルファーが求めるのは数値（ヘッドスピードと飛距離）。メーカー側はそれにちゃんと応えようするために（その方がセールスにつながる）、軽いシャフトを装着してしまうのだと思います。

前置きが長くなって申し訳ありません。

さて、ここからがシャフト選びの本題。FWにちょうどいいシャフトは、ドライバーよりも5～10g重めです。例えば、ドライバーに60gのシャフトが装着されているならば（かつ、それがちょうどいい重さ）、FWには65～70gのシャフトをお勧めします。FWは一番長い3Wでも43インチ前後。ドライバーよりも2インチ以上短いことを考慮すると、5～10g重い方が、「ドライバーと振った感じが同じ」になってくるからです。少し専門的に言うと、これで重量フローが整ってきます。

硬さについては、ドライバーよりも短い分だけ少し硬めがいいです。例えば、ドライバーの振動数が250cpmならば（その硬さがちょうどいい）、3Wは255～260cpmぐらいを目安にします。これで、硬さのフローがちょうど良くなります。

3つめのポイントは調子です。FWはドライバー用と同じ調子にするか、もしくはドライバー用よりも調子が手元側になっているようにします。

具体的に言うと

DRは先調子×FWが先調子＝○
DRは先調子×FWが中調子＝◎
DRは先調子×FWが元調子＝○

DRは中調子×FWが先調子＝×
DRは中調子×FWが中調子＝◎
DRは中調子×FWが元調子＝◎

DRは元調子×FWが先調子＝×
DRは元調子×FWが中調子＝△
DRは元調子×FWが元調子＝◎

ＦＷはフェアウェイやラフ、バンカーから打つのが主目的なクラブ。地面上のボールを打つ時、シャフトの先端側が大きくしなるよりも、しなりが少ない方がヘッドの入射角が安定し、ミート率も良くなるからです。ちなみに、ドライバーもＦＷも先調子を使う場合、ＦＷのシャフトだけ先端側を０・25～０・75インチカット（先詰め）することで、入射角を安定させることができます。ただし、先詰めするとシャフトの一番美味しい部分をスポイルすることになるし、ドライバーと振った時のフィーリングが微妙に変わってきます。なので、ボクは極端な先詰め（例えば１インチカット）は積極的には勧めていません。先が暴れるのが嫌ならば、先が暴れにくいシャフトを装着することを勧めています。

ちなみに、ＦＷ用のシャフトは個性的なシャフトよりもオーソドックスな挙動のシャフトをお勧めしてます。挙動がオーソドックスなシャフトであれば、ドライバーのシャフトとの相性がいいからです。

具体的には、ＮＳ９５０でお馴染みの日本シャフトのＧＴシリーズのＦＷ用シャフトは、癖が無くて、ドライバーのシャフトを選びません。重量も50g台、60g台、70g台、80g台がラインアップされています。他では、ＵＳＴマミヤのアッタス、アッタスＴ２、グラファイトデザインのツアーＡＤのＤＩシリーズ、フジクラのランバックスＸシリーズも、ＦＷ用として非常に扱いやすいシャフトでしょう。

市販ＦＷに少し重めのシャフトが装着されたモデルが少ないことを考えると、ＦＷはリシャフトして使うことが、ゴルファーの賢い選択肢だとボクは思います。

⑭理想的な打ち出し角度は12～14度。これに合せてリアルロフトを決める。

２０１１年３月11日、東北から関東にかけて大きな地震がありました。この地震により亡くなられた方々のご冥福をお祈り申し上げますとともに、被害を受けられました皆様に心からお見舞い申し上げます。被災地の一日も早い復興をお祈り申し上げます。

こんな時期にゴルフの話なんて「不謹慎」と言われるかも知れませんが、今のボクにできることはゴルフの正確な情報を皆さんにお伝えすること。そして皆さんにゴルフ場に足を運んでもらったり、クラブや用品を買う時の良きナビゲーターになることだと思っています。

本題に入りましょう。

今回はドライバーのロフトの決め方について。

昨日、ヨネックスの新ブランド「イーゾーン４５０」を試打しました。ヨネックスと言えば石川遼くん。遼クンモデルは３８０ＣＣと小ぶりですが、イーゾーンは４２０ＣＣと４５０ＣＣもラインアップ。一番大きな４５０ＣＣを試打しましたが、このドライバーを計測してみて驚いたのがリアルロフトの多さ。９度と10度を試打したのですが、

9度表示↓リアルロフト11度
10度表示↓リアルロフト13・5度

市販ドライバーの大半は「表示ロフト∧リアルロフト」ですが、ここまで差が大きいクラブは珍しい！ずいぶん「下駄を履かせた」なと思ったのですが……。

実際に試打してみると「下駄を履かせた」意味が分かりました。ヘッドの重心位置、そしてシャフトの挙動が影響しているのでしょう。リアルロフトが多い割にはボールが上がり過ぎませんでした。

ボクの適正リアルロフトは「10度前後」。なのに、イーゾーン450の9度（リアルロフト11度）で弾道計測すると、「打ち出し角」が12・5～14度。ちょうどいい高さで飛んでくれました。

察しのいい人はもうお分かりでしょう。

そうです、適正リアルロフトはゴルファーによって変わるだけでなく、ヘッドやシャフトによっても1度ぐらいは平気で変わってきます。ですので、自分は「リアル10度」がちょうどいいと決めつけるのは禁物！ロフト選びで大事なことは、実際に打ってみて「ちょうどよい高さの弾道」が出る「リアルロフト」を選ぶことです。野外であるならば、実際に打った弾道をチェックする。練習場のレンジボールでは意味がありません。コースボールで高さをチェックして下さい。ゴルフショップなどで試打する時は、弾道計測器で打ち出し角度をチェックする。ヘッドスピードが遅めの人（36～40m／s）ならば、打ち出し角度が14～15度ぐらいがGOODです。ヘッドスピードが普通の人（40～43m／s）ならば13～14度。そしてヘッドスピードが速い人（44m／s以上）ならば、12～14度。これぐらいの打ち出し角度が出るリアルロフトを選ぶと、クラブの性能を引き出しやすくなりますし、飛びに最適な弾道を打ちやすくなるでしょう。

そして、今回のイーゾーン450だけではありませんが、最近のドライバーはリアルロフトのピッチが大きくなる傾向があります。表示では1度の差が、リアルでは2度以上違っていることが珍しくありません。弾道の違いを「より明確に」するための、メーカー側の配慮だと思われますが、ユーザー側がその配慮を理解していないと、ロフトを選び間違うリスクが高くなります。

たかがロフト、されどロフト。同じヘッド、同じシャフトであっても適正ロフトを使うかどうかで、飛距離は3～5ヤードぐらいは変わってきます。

クラブ開発のテクノロジーはどんどん進化していますが、それを享受するためにはロフト選びを間違えないこと。アナライズではドライバーだけで年間300本以上計測しています。また、ボクが試打する時はリアルロフトを必ず計測してます。飛ぶドライバーを求めるならば、ロフト選び（リアルロフト選び）を曖昧にしないことが極めて重要です。

次回は、ヘッドの慣性モーメントについて詳しく説明します。

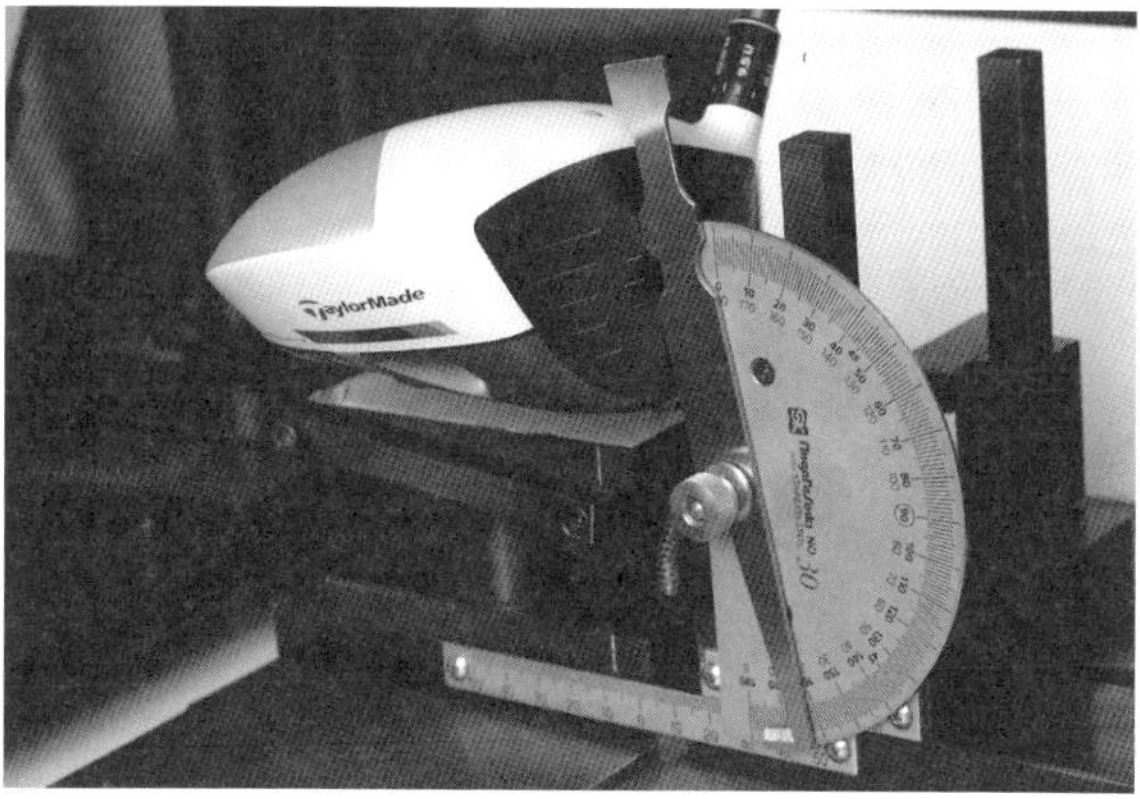

ドライバーは表示ロフトとリアルロフトの差が大きいクラブなので、表示ロフトを鵜呑みにして選ぶのは危険だ。一般的にヘッドスピードの速い人はロフト少なめ、ヘッドスピード遅めの人はロフト多めが合っているが、自分にとってちょうどよい球の高さが出るリアルロフトを選ぼう。

⑮慣性モーメントが大きい方がミスに強いが、フェースは返りづらくなってくる。

現在、ヘッド体積460CC以上のドライバーはルール違反となったこともあり、それ以上大きなヘッドを作るメーカーは皆無に近く、そしてゴルファーの目にも触れなくなっています。アナライズには500CC級のドライバーがありますが、これは体積制限前に米国で発売されたドライバーです。

なぜ、ルールはヘッド体積の上限制限を設けたのか？　急激な大型化に歯止めをかける意味もあると思いますが、一番考えられるのはヘッド慣性モーメントの数値に制限をかけたかったのでしょう。

ヘッドの慣性モーメントとは何か？

ゴルフ雑誌やメーカーのカタログにも良く出てくる「ヘッドの慣性モーメント」とはヘッドの中心を軸にして左右に回転させた時、どれぐらいヘッドが回転しやすい（回転しづらい）かを計測した数値です。そしてこの数値が大きいほど、スイートエリアが広くなってきます。一般にはヘッドを大きく作った方が、小さいヘッドよりも慣性モーメントが大きくなってきます。

もう、察しのいい人はお分かりでしょう。そうです。ルールはクラブがやさしくなりすぎることに歯止めをかけたいから、ヘッド体積の上限制限、慣性モーメント数値の上限制限を設けたわけです（上限5900gcm^2＋100gcm^2）。ヘッド体積制限がかけられた直後は、ナイキを始め、いくつかのメーカーは慣性モーメントの数値を大々的にアピールしてました。また、体積の上限制限を設けた直後は四角形のヘッドも登場。一般的な丸型ヘッドよりも四角形の方が慣性モーメントの数値を大きくしやすいからです。

さて、このヘッド慣性モーメント。今どきのドライバーは、かつてほど慣性モーメントの大きさ（数値）を強く謳ってません。その理由は、慣性モーメントにこだわり過ぎると、メリットよりもデメリットが大きくなることをメーカー側が気づいたからです。

具体的に言うと、慣性モーメントを大きくしようとすると必然的に重心距離が長くなってきます。結果、大慣性モーメントドライバーはミスには強くなる反面、ヘッドが返りづらくなり、スライサーには非常に扱いづらいクラブになります。特にテークバックでフェースを開くタイプのゴルファーの場合、重心距離が長くなるほど（40ミリ以上）、インパクトでフェースが開きやすくなって右にプッシュアウトしたり、ボールにスライス回転がかかりやすくなります。重心距離が長い場合、フックフェースにすれば右曲がりの度合いを減らすことができますが、それにも限度があります。スライサーが捕まった球を打つには、重心距離が40ミリ以下の方が明らかに扱いやすい。それが分かってきたから、メーカー側も慣性モーメントの大きさについて見直しはじめたわけです。

加えて、慣性モーメントを大きくしようとすると低重心になりづらい。飛距離を稼ぐには低重心の方が有利です。それも分かってきたから、やみくもに慣性モーメントを大きくしようとするドライバーが減ってきたのでしょう。

ゴルファーの持ち球、スイングスタイル、腕前によっても適正な慣性モーメントの数値は異なりますが、前述したようにテークバックでフェースを開く人や、クラブでスライスの度合いを軽減したい人は、慣性モーメントの大きさを求めることよりも、重心距離が短い（38ミリ以下）ドライバーを求めた方が、クラブがゴルファーを助けてくれますし、飛距離、方向性も安定してきます。

対して、左右にブレやすい初中級者やフッカーは、慣性モーメントが大きいクラブの方が有利です。初中級者はミスに強いクラブの方が安定しますし、重心距離の長いクラブに慣れた方が、後々有利だからです。また、フッカーの場合は、重心距離が長い方が左のミスを軽減できるメリットがあるからです。さらにそれだけではありません。クラブで飛距離アップを狙うならば、アマチュアはフックを持ち球にした方が断然有利なんです。

次回は、重心距離のウソ、ホントについて説明します。

⑯重心距離が短いほどヘッドは回転しやすく、重心距離が長いほどヘッドは回転しづらい。

ここで言う「重心距離」とはシャフトの軸線からフェース面上のスイートスポットまでの距離のことです。

一般的にヘッドが大きく（投影面積大）フェースが面長なほど重心距離が長くなり、ヘッドが小ぶりで（投影面積小）フェースが小顔なほど重心距離が短くなります。そして慣性モーメントが大きなヘッドは重心距離が長く、慣性モーメントが小さいヘッドは重心距離は短くなってきます。

言い換えると、「慣性モーメントが大きくて重心距離が短い」ヘッドというのは物理的に作れません。もし、そんなことがカタログに書いてある場合、そのキャッチコピーは鵜呑みにしない方がいいでしょう。どちらかのスペックが間違っている可能性が極めて高いです。市販品のドライバーを毎年１００本以上試打してますが、そんなドライバーにお目にかかったことはないですね（笑）。

さて、この重心距離。一般には重心距離が短い（ドライバーの場合、36ミリ以下）方が捕まりが良いと言われています。重心距離が短い方が、それに比例してネック軸回りのモーメントが小さくなって、ヘッドの操作性が高くなるからです。分かりやすく言うと、重心距離が短いほど小さい力でヘッドを返せます。

では、重心距離が短ければ、誰でも捕まった球が打てるかというと、半分は当てはまってますが、半分は外れています。前述したように「重心距離が短い＝操作性が高い」。これは事実ですが、操作性と言うのは一方向ではなく両方向に働きます。

察しのいい人は、もうお分かりですよね？

そうです、ヘッドを操作しやすいということは、スイングが不安定な場合、誤操作もしやすい。小さい力でフェースを閉じることができるということは、小さい力でフェースも開けるわけです。これはプロ、上級者にとってはありがたい性能で、ドロー、フェードを打ち分けやすくなります。ただし、初中級者の場合は捕まった球が打ちやすい反面、操作性の高さが裏目に出てしまうと、右へのスライスが助長されてしまいます。

操作性の高さの違いについては、マッスルバックと大型キャビティアイアンを打ち比べるとすぐに分かります。マッスルバックは重心距離が短いので、ヘッドを返しやすくドローが打てますが、反面、インパクトでフェースが開いてシャンクも出やすい。対して、ゼクシオのような大型キャビティは球筋を打ち分けづらい反面、シャンクのミスが出づらくなっています。

ですので、ドライバーで捕まった球を打ちたいならば、重心距離の短さだけにこだわるのは禁物です。クラブに捕まりを求めるならば、重心距離だけでなく、フェースの向きや重心アングルにもこだわって下さい。重心距離が短くて、フックフェースの度合いが強く、重心アングルが大きい。こういうスペックのクラブは、操作性が高いだけでなく、インパクトでフェースが被りやすい。結果、真っ直ぐ打てる人が使うとフックボールが出やすく、スライサーが使ってもストレートやドローが打ちやすくなります。

市販ドライバーで言うと、四角形ヘッドのキャロウェイFT－i、FT－iQは、まさにスライサースペシャル。ドローヒッターにはひっかかってしょうがないクラブですが、スライサーでもやさしくドローボールが打てるクラブに仕上がっています。形が独特なので日本では人気が出ませんでしたが、アンチスライスという意味では画期的なクラブです。

次回は、クラブがスイングに及ぼす影響について説明しましょう。

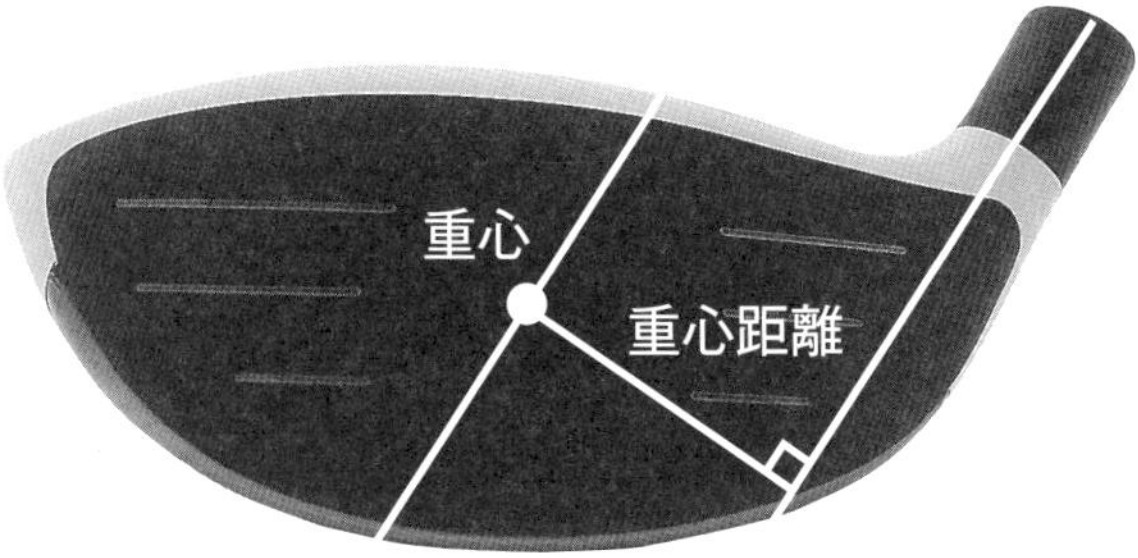

シャフトの中心線からフェース上の重心位置との距離を「重心距離」という。重心距離が長いと飛距離性能は高くなるが、ヘッドの操作性は鈍くなり、重心距離が長いとヘッドの操作性はシャープになる。

⑰球筋、スイングを矯正したいならば、補助輪付きのクラブを使った方がいい。

弘法筆を選ばず、という諺があるからでしょうか？

ゴルファーの中には、道具（クラブ）よりもスイングが大事だと思っている人が少なからずいます。また正反対の考えとして、「クラブで何とかミスを矯正したい」という人も少なからずいます。

どちらが正しいのか？

結論から先に言うと、道具を変えた方が手っ取り早く上達できます。ゴルフの上手下手に関係なく、大半のゴルファーはクラブを変えるとスイングも変わってくるからです。例えば、極端に軟らかいシャフトのクラブを振るとオーバースイングや力みを解消できます。軟らかいクラブは挙動が不安定。それが分かるから、ゴルファーはクラブに合わせて、示し合わせたように「そろっと」振るからです。そして、切り返しで力まないから上半身が開きません。インサイドから下ろす感じになります。

逆もしかり。ゴルファーの体力（パワー）以上の硬いシャフトが装着されたクラブを振ってもらうと、軽く振る人はめったにいません。大半の人は「シャフトを何とかしならせようとして」切り返しで力みます。そして、力んだ影響で切り返し直後に体の開きが早くなってきて、アウトサイド・インの軌道が助長されます。ですので、スライスやフックを矯正したいと思っているならば、クラブの助けを借りた方が絶対に有利です。例えば、アウトサイド・インの軌道のスライスが持ち球の人の場合、普通に打ったら左にしか飛ばないクラブで練習する。具体的に言うと、重心距離が短くて（重心距離34ミリ未満）、フックフェースの度合いが強く（フェース角＋2度以上）、重心アングルが大きい（重心角25度以上）。こういうスペックのクラブはインパクトでフェースが被りやすい。結果、真っ直ぐ打てる人が使うと強いフックボールが出やすく、スライサーが使ってもストレートやドローが打てます。

市販ドライバーで言うと、四角形ヘッドのキャロウェイFT－i、FT－iQ。

スライサーが左に飛ぶクラブを使うと、スイング（体の動き）は明らかに変わってきます。左に曲がる球しか打てなければ、ゴルファーは左に打ち出すことを意識しません（無理に捕まえようとしません）。左曲がりで左に打ち出したら即死するからです（笑）。結果、ボールを右に打ち出したくなってくるので、ダウンスイングで体の開きが矯正され、インサイドから下ろす感じになるのです。

他方、フッカーの場合は右にしか飛ばないクラブを使ってみる。重心距離が長くて（42ミリ以上）、オープンフェースの度合いが強くて、重心アングルが小さい（重心角20度未満）。こういうクラブは捕まえようとしても捕まりません。こういうクラブは右に打ち出したら即死。結果、ボールを左に打ち出そうとするため、インサイドからあおる癖が矯正されてきます（アウトサイドから振り下ろす感じになります）。

市販ドライバーで言うと、新しい白いバーナー（US物）、キャロウェイのディアブロ オクテイン。

ゴルファーは曲げたくない方向にスイングする習性があります。極端な球しか出ないクラブを使えばその習性を活かしてスイングを解消できるのです。そして、スイングが矯正された後に、ニュートラルな特性のクラブを使えばいいのです。

クラブ設計家の竹林隆光さんは、「極端な球しか出ないクラブは、自転車に例えるならば補助輪付き自転車」のようなものとおっしゃってます。悪癖矯正には補助輪付きのクラブを使うのが最善かつ最短な上達法です。

⑱国内メーカーのドライバーは高齢化に拍車がかかってきた。

震災後、徐々にゴルフ業界も活気が戻ってきました。ゴルフクラブも売れ行きが少しづつ戻りつつありますし、ゴルフショップにも人が戻ってきました。国内メーカーでは鳴り物入りで登場したブリヂストンのPHYZ、外ブラでは白いヘッドで注目度が高いテーラーメイドが売れ筋ランキングの上位を占めています。ボクも気がついたら、ドライバー、フェアウェイウッド、そしてユーティリティが白いヘッドになっています（笑）。

さて、この2011年モデルのドライバー。今年もボクが購入したのは外ブラばかり。国内メーカーのドライバーは未だに1本も買ってません。外ブラは平行モノで値段が安いから「衝動買いしやすい」ことが大きな理由ですが、他にも大きな理由があるんです。

その理由とは何か？

ドライバー選びで大事なのはヘッド重量。ゴルフはボールとヘッドの衝突によってエネルギーが発生し、そのエネルギー量が飛距離に影響します。同じヘッドスピードで打てば、軽いヘッドは重いヘッドよりも反発がダウンします。飛距離の点では重いヘッドの方が有利です（ただし、振り切れるという範囲で）。

察しのいい人はもうお分かりでしょう。そうです。アナライズでは試打する時、可能な限りドライバーのヘッド重量を調べますが、国内メーカーと外ブラでは明かな重量差があるのです。テーラーメイド、キャロウェイ、タイトリストといった外ブラはヘッドを軽く作りません。具体的に言うと、テーラーのR11は202g（並行輸入品）、46インチと長尺仕様のバーナー2・0も198gあります。モデルによっても違いますが、198〜202gぐらいでしょうか。

他方、ブリヂストンのPHYZは約185g、ゼクシオフォージドは約189g。長尺仕様のミズノのJPX800に至っては185g以下。モデルによっても違いますが、国内メーカーの売れ筋ドライバーのヘッドは軽く、188〜194gぐらいしかないのです。ちなみに、ハードヒッター向けのドライバーであるXドライブも最新モデルではヘッド重量が195g以下と何故か軽くなっています。

そうです、ボクが国内メーカーを使わないのはヘッドが軽過ぎるためなんです。軽いヘッドは単純に言うと「当たり負け感」が強く、芯を喰った時にボールが思ったほど飛びません。そして、感覚的な要素も多分にありますが、芯を外した時、軽いヘッドほど飛距離の落ち込みも大きく感じます。要するに、軽いヘッドは飛びに不利。だから国内メーカーのドライバーに対して買い物心が沸かないのです。

では、なぜ国内メーカーは、わざわざ飛びに不利な軽いヘッドを作るのか？

これにもちゃんと理由があります。ヘッドを軽くすると振りやすさが増してしっかり振り切れます。結果、軽いヘッドに変えた当初はヘッドスピードが上がる。ショップで試打する時などにはこれが有利に働き、コンピュータ計測などをすると飛距離アップを体感できます。販売促進に有利です。ただし、これは瞬間的なもので、軽いヘッドに慣れてしまうとヘッドスピードが戻り、飛距離も出づらくなります。

もう一つは、アベレージゴルファーの高齢化。メーカー側が考えているアベレージゴルファーとは、ずばり「団塊の世代」。以前、ダンロップの社長に「ゼクシオのメインユーザーは何歳ですか？」と直接質問したことがあります。即座に団塊の世代だと答えが返ってきました。ゼクシオをライバルとしてクラブ作りがなされている現状を考えると、アベレージゴルファー＝団塊の世代と考えて間違いないでしょう。

団塊の世代というのは、60～65歳ぐらい。この年齢になるとさすがにパワーが落ちてきます。パワーが落ちてきた人の場合、重いヘッドだと振り切れなくてヘッドスピードが上がりません。重いヘッドのメリットを生かせません。少しヘッドを軽くした方が、ヘッドスピードダウンを回避（ヘッドスピードアップ）できるし、軽めのヘッドが飛びに有利。だからメーカー側は軽いヘッドを作っているだとボクは思っています。

国内メーカーの主力ドライバーはユーザーと同じく高齢化が進んでいるわけです。

クラブ選ぶ時には、そのクラブの対象ユーザーに自分が当てはまっているかどうか知ることが非常に重要です。デザインやイメージよりも。そしてヘッド重量を調べれば、そのクラブの対象ユーザーを知ることができるのです。

⑲重量調整可能なドライバーは、1本は手元に持っておいた方がいい。

先々週のとおとうみ浜松オープン。BS－TBSで生中継してたのを観た人も多かったと思いますが、最終日最終組を観ていて驚いたのがすし石垣選手の飛距離。あの遼クンよりもドライバーが飛んでたのに驚きましたが、もっと驚いたのは彼が使っていたドライバー。契約でもないのに、彼は白い恋人（R11）を使ってました。シャフトはもちろんリシャフトされてましたが、ヘッドは紛れもなくテーラーメイド。契約外の選手が使っているというのは「飛ぶ」ことを何よりも証明しています。

もちろん、ボクも現在のエースドライバーは白い恋人（笑）。R11とバーナー（どちらもUS仕様）を使っています。R11はなぜか純正シャフトが相性良く、バーナーの方にはクレージーのTJ46（S）。この組み合わせはドンピシャ。いきなりのラウンドでノーミス。ヘッドよりもシャフトの方がはるかに高い組合せですが、飛距離と方向性のマッチングがすこぶる良いです。ちなみに、USバーナーは長尺仕様にも関わらず、ヘッド重量は198gと軽くありません。

さて、今回のテーマもドライバーのヘッド重量について。③でも書きましたが、ヘッドは振りきれる範囲で重いのがベストです。

では、どの重さがいいのか？

あまりに軽いと振りやすい反面、手打ちになります。ヘッドスピードが上がりやすいですが、ミート率が悪くなります。逆に、重すぎるとヘッドスピードが上がりづらくなりますし、切り返しで力む分だけ軌道がアウトサイド・インになったり、ダウンでシャフトが寝やすくなります。重いヘッドは物理的に有利ですが、重過ぎるとスイングに悪影響が出ます。適正なヘッド重量は、

①パワー自慢………200g以上（男子プロはほとんど200g以上）
②平均的なパワー…194～200g（女子プロはこのゾーン）
③アンダーパワー…190～196g（最近の市販クラブはこのゾーン）

と、かつてあるゴルフ雑誌にも書きましたが、ゴルファー1人1人によって適正ヘッド重量は異なります。ですので、ボクが提案したいのはヘッド重量が変えられるドライバーを購入し、実際に色んな重さを試してみることです。

①テーラーメイドのR11、R9、R7シリーズ
②マグレガーの現行マックテック、ひとつ前のマックテック

この2モデルは重量調整ネジが付いてます。ヘッドを軽くすることもできますし、ヘッドを重くすること

も簡単にできます（ネジ代金はかかりますが）。

ドライバーをあれこれ買い換えることも、それはそれで楽しいですし、相性がいいドライバーと出会うことができれば飛距離アップも手に入れられます。もちろん、ボクも衝動買いをしょっちゅうしてますが、購入後はかならずシャフトを抜いてヘッド重量を測り、重さが合っているのを確認してからリシャフトしています。

洋服を選ぶ時、一番大事なことはデザインの良し悪しよりも服のサイズと自分のサイズがちゃんと合っているかどうかです。サイズ感が合っていないと、どんなにデザインが良くても似合いませんし、野暮ったく見えます。

ドライバーにおいてもしかり。サイズ（長さ、重さ、シャフトの硬さ、調子）が自分に合っていてこそクラブの性能を100％引き出せますし、自分のパワーを最大限発揮でき、飛距離を稼げるのです。言い換えると、自分の適正ヘッド重量を知らないままでは、道具選びが非常にリスキーなものになってしまいます。たかがヘッド重量と侮ってはいけません。メーカーが謳い文句にしているテクノロジーと同じか、それ以上にヘッド重量は道具選びに欠かせない要素なんです。

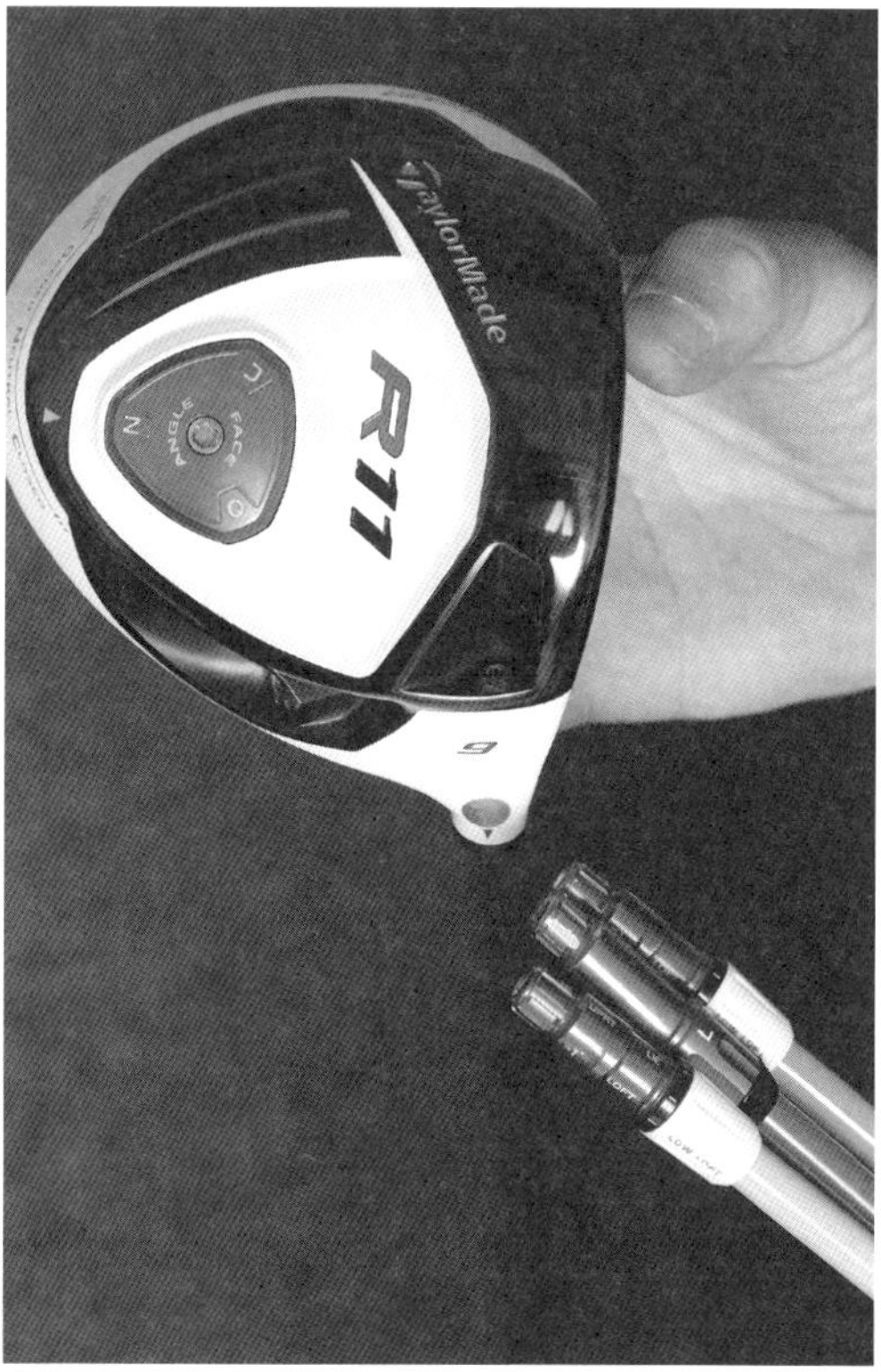

この数年で、重量調整が可能なドライバーが各メーカーから出そろってきたので、自分に最適なヘッド重量にすることができる。また、同時にシャフトが変えられるものならなお便利。このような「カチャカチャ系」と呼ばれるドライバーは、1本持っておいて損はない。

第3章

一生役立つゴルフ上達法

①スイングは2人芝居、主役はクラブ、脇役は人間。

ひょんなことから演劇鑑賞にハマって早5年。小劇団からメジャーな劇団までジャンルを問わず、これまで500本以上の舞台を見てきました。そして挙げ句の果てには、役者になるトレーニングを丸2日受けました（笑）。

ゴルフと演劇。まったくジャンルが違いますが、芝居を観れば観るほど、演技とゴルフスイングが非常に似ていることに気づきました。演技もスイングもどちらも身体表現。そして、芝居も演技も上手い人ほど動き（表現）が自然に見えます。

体の使い方しかり、力加減しかり、リズムしかり、テンポしかり、バランスしかり。下手な役者ほど、下手なゴルファー同様、体の使い方が不自然だったり、リズムやテンポも悪い。変な所に力が入っていたりしています。身体表現という意味ではゴルフも演劇もまったく同じです。

下手な役者ほど、自分のイメージと実際の動きとの間のギャップが大きい。ゴルフに例えるならば、下手な役者ほど頭の中はタイガー・ウッズ、でも実際のスイングは手打ちで弱々しいスイングになっています。

そして、そんな役者ほど「自分には才能がない……」「努力しても報われない……」などと考えています。

上手く演じられない役者と上手く演じられる役者。

上手いゴルファーと上手くないゴルファー。この違いはどこにあるのか？

物理的に努力（練習）が足りていない人もいますが、実は、両者には根本的な勘違い、思い違いがあります。

それは、努力のベクトルがズレていること。ゴルフにおいてはたくさんボールを打っても上手くなれる保証はありません。演技においては、感情表現（イメージ）だけに頼って演技してしまう役者は本当に上手い役者になれません（もちろん、例外もあって天才と呼ばれる人はその限りではありません）。

どちらにも欠けているのは、イメージと現実のギャップを埋める具体的な方法。わざわざ「具体的」と書いたのは、演技もスイングも「具体的」な練習をすれば、練習すればしただけ上達できるからです。どちらも努力では到達できない世界はありますが、ゴルフならば誰でもハンデ5ぐらいまでにはなれます。ゴルファーも役者も、正しいテクニックが身に付く稽古（練習）をすれば、確実にステップアップできます。


では、「具体的」には何を稽古（練習）すればいいのか？

ゴルフにおいては、スイングは2人芝居であることを自覚して下さい。役者1は「クラブ」、役者2は「自分」です。主役を自分にしていいのは並外れたパワーの持ち主だけ。パワーが普通な人や非力な人は、自分を主役にするとクラブを味方に付けられず、飛距離を得るのが難しくなるからです。

これまでも書いてきましたが、この20年でクラブは劇的に進化しました。マッスルバックアイアンに代表される昔のクラブも残っていますが、新しいクラブの多くはヘッドが大きくなり、それに伴って重心距離が長くなりました。結果、重心距離の違いでスイング理論は変わってくるからです。

もちろん主役（クラブ）に合せた演技をする前に、基本的な稽古（練習）があります。それは自分の体の動きをコントロールすること。感覚にまかせて体を動かすのではなく、ひとつひとつの動きを自分で意識しながら体を動かすのです。

具体的に言うと、ゆっくりスローモーションのように動くこと、そして力んだ状態（リラックスしないで）で体を動かして下さい。例えば、関節も伸ばす所はピンと伸ばして、緩みのない状態を作る。

ゴルフ雑誌などでは「ゆっくり」動くことをレッスンするプロが多いですが、ゆっくり振る時に「力め」とアドバイスするプロはほとんどいません。

なぜ「力む」ことにこだわるのかは、次回じっくり説明します。

演劇もスイングも、どちらも身体表現。ゴルフの練習は稽古と同じなのだ。
©キャラメルボックス2013『ナミヤ雑貨店の奇蹟』稽古写真より

②アマチュアのリラックスは緩みを招くだけ。力んだ方が、力まないスイングが身に付く。

ゴルフと演劇（役者の演技）。

まったく別世界な感じがするかも知れませんが、役者に求められるのは身体表現力。自分の体をいかに上手く使うかが問われる世界です。そして、共演者といかに上手く演じるかが求められます。

ゴルフもしかり。自分の体を上手く使うことがいいスイングにつながりますし、共演者であるクラブをいかに上手く使うかも求められます。

で、2回目のテーマは力加減について。

前回、いい演技（いいスイング）を身につけるには、スローモーションのようにゆっくり動くことが大事だといいました。ゆっくり動けば、ひとつひとつの動きを自分で意識しながら体を動かせるからです。

そして、ゆっくり動く時には力んだ状態（リラックスしないで）で体を動かして下さいと説明しました。関節も伸ばす所はピンと伸ばして、緩みのない状態を作る。

なぜ力むことが重要なのか？

アマチュアの多くは楽なスイングをしようとして体の一部が緩んでいます。そして本人に緩みがあることの自覚がありません。そして、緩んだ箇所が多い人ほど、その反動で必要以上の力みが発生し、いわゆる「力んだ」スイングになっています。言い換えると、緩んだ部分があるから、自分のスイングを見て「力み」を感じるし、周りからも「力んだ」スイングと評価されてしまうのです。

そうです、力みというのは緩みによって生まれるのです。

もう説明の必要はないでしょう。力みを断ち切るためには緩まないこと。そのためには一度は、力んだ稽古（練習）が必要不可欠なのです。

具体的に言うと、アドレスしたら頭の先から足の指先までにギューッと力を込めて下さい。自分ではロボットのようにカチンカチンになるぐらいに。

これで準備完了。後は、スローモーションのように素振りします。目安としては1スイング30秒。15秒かけてテークバックしてトップを作る。トップからフィニッシュまでも15秒かけて下さい。もちろん、スイング中も力を込めたまま。緩んだ場所を作ってはいけません。力加減を一定に保ったままスイングします。

そして、この力んでゆっくりスイングした姿を動画に納めてチェックします。スイングに緩んだ箇所がないかどうかチェックし、もし緩んだ箇所があったならば、そこが緩まないように修整していきます。

スイング中、緩みがなくなってくれば徐々に普通の速度に戻してシャドースイングしてみて下さい。緩まないテークバック、緩まないダウンスイング、緩まないフォロー、緩まないフィニッシュ。これらができれば、力んでいても動画でみれば力み感がなくなってきます。緩みがなければ、力みも生まれません。

役者は体を自由自在に動かしますが、稽古ではわざと悪い動き、わざとぎこちない動きをトコトンやります。悪い動きを知ることで良い動きを覚えるわけです。ゴルフもしかり。

「力むから、リラックス」するという思考では、力みの元凶である緩みを断ち切ることはできないのです。

次回は、力んだ時に上手くテークバックする方法について説明します。

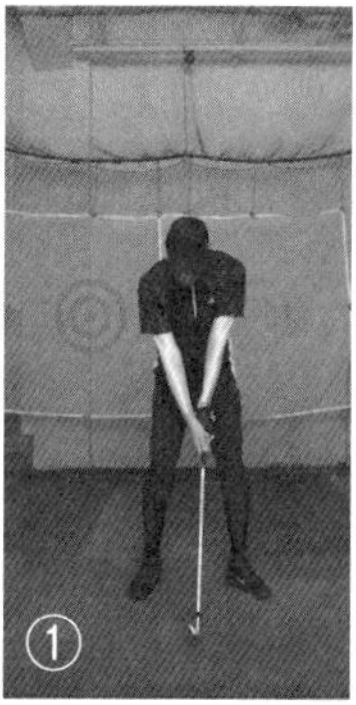

緩みのないスイングを作るのに最適なドリルが「スローモーション素振り」。全身に力を入れながら、緩まないように１回30秒を目安にやってみよう。１回やっただけでヘトヘトになるはずだ。

③手首と右ひじの関節の曲げを意識すると、緩まないでテークバックできる。

緩んだスイングと力んだスイング（緩みのないスイング）。

15秒かけてテークバックし、トップからフィニッシュまで15秒かけてスイングしてみると、力加減の違いがハッキリとでます。緩んだスイングをするのが癖になっている人は、ゆっくりスイングすると体に張りがありません。トップで左ひじがガクンと折れ曲がったり、トップが緩んだ感じになります。フォローやフィニッシュもこじんまりした感じになっています。

対して、力んだスイング（緩みのないスイング）がちゃんとできていると、体に張りができますし、トップで左腕がピシッと伸びてきます。フォロー、フィニッシュも大きく取っていけます。言い換えると、緩んだトップになっている人は、本人には自覚がなくても（楽なスイングをしようとして）無意識の内に緩みが発生しています。

では、この無意識の緩みを取るには（ちゃんと力むには）なにをすればいいのか？

無意識の緩みとは、ゴルフスイングを演技に例えるならば、これは役者の癖のようなもの。そして「癖とは数ある選択肢の中で、オートマチックに選んだこと」（演出家、鴻上尚史氏）です。

具体的に言うと、泣くというシーンでも、シチュエーションに合せていろんな泣き方ができる人が上手い役者。泣くシーンは「こうでしょ」とワンパターンな演技しかできないのが癖です。スターと呼ばれる大物役者を除けば、癖で演技する役者は「下手な役者」と演出家から判断され、舞台に立てる回数が増えません。

演技でもゴルフでも、癖を取り除くには、わざと悪い動きをしてみることです。ロボットのようにギクシャク動いてみたり、関節を突っ張るぐらい伸ばしてみる。自分の常識から外れた行動をとることが、癖を取り除く近道です。

テークバックに関して言えば、左腕はつっかい棒のように伸ばすことを意識して下さい。対して右腕は始動とともに右ひじを体に近づけるように引きながら、少しずつ曲げていきます。トップでは右ひじが90度曲がっているようにしましょう。

そして始動とともに手首をコックして下さい。テークバック前半で手首をコックすれば、途中で関節の緩みが出ません。手首をコックするコツは、左手（左肩）を下げて右手（右肩）を引き上げる。作用と反作用の要領です。手首をコックすることで左腕（左ひじ）が突っ張るように伸びてくるように心がけて下さい。

テークバック前半で手首のコックが完了し、右ひじを少し曲げる感じができてくると、左腕はピンと伸びてきますし、伸びたままトップまでいけます。また、これができると力んでいても体をちゃんと動かすことができるので、緩まないトップを作ることができるはずです。

緩んでいれば体がスムーズに動き、力んでいればスムーズに体が動かない。こう思っている人が大多数ですが、そんなことはありません。力んでいても関節の使い方が分かっていれば体をスムーズに動かしていけます。

役者の演技もゴルフスイングも「○○だから、○○だ」という固定観念を持ち続けている限り、癖から永遠に抜け出せません。スイングを本気で変えたいならば、沢山ボールを打つことよりも、体を動かす選択肢を増やすためのユニークな努力が不可欠なんです。

次回は、トップの善し悪しを評価するポイントについて説明します。

④左ひじがピンと伸びて、右ひじが90度曲がっている。これが緩みのないトップの形。

テークバックの終着駅であり、ダウンスイングの始発駅でもあるトップ。

今回はトップの形の善し悪しを評価するポイントについて説明します。大事なポイントは2つ。ひとつはこれまでも述べてきたように、緩みを作らないこと。そしてもうひとつは正しい形を作ることです。

緩みについては、体を必要以上にリラックスさせないこと。伸ばすべき関節は伸ばし、曲げるべき関節は必要なだけ曲げておくことです。具体的に言うと、トップでは左ひじの関節は突っ張るぐらい伸ばしておき、右ひじの関節は90度曲げます。手首は左手首は親指側に曲げ、右手首は甲側に曲げる。足首、ひざ、股関節、背骨、これらの関節はアドレス軸に作った角度（前傾角度）をキープします。伸ばす関節と曲げる関節を意識すると緩みを取り除けます。

次にトップの形。これはクラブのポジションとフェースの向き。そしてアドレスで作った前傾角度をキープできているかどうかがポイントです。

クラブのポジションはシャフトプレーンに対してシャフトが平行（飛球線よりもやや左）。これがオンプレーンでベストな型です。最近はレイドオフとも呼ばれていますが、これが理想のトップです。シャフトプレーンに対して平行（レイドオフ）にクラブが収まれば、余計な動きを入れることなくダウンスイングを始められるからです。
逆に言うと、トップでシャフトが飛球線よりも右を向く、いわゆるシャフトクロスは好ましい型ではありません。シャフトクロスになるほど、トップで手首、左ひじが緩んできます。そして、ダウンスイングでプレーンにそってクラブが下りづらくなり、重心距離が長いクラブではシャフトクロスになるほど振り遅れのミスが出やすくなります。
フェースの向きに関しては、スクエア（プレーンと平行）、もしくはシャット（トップでフェースが空を向く）。これが良い型です。テークバックでフェースを開く度合いが少ない方が、フェースの向きをコントロールしやすく、インパクトの再現性が高まるからです。オープンフェース（トップでフェースが正面を向く）が正しい型にならないのは、トップで左手首に緩みが出やすくなるからです。加えて、重心距離が長いクラブを使う場合、オープンフェースだとフェースが開いたまま当たりやすくなって、方向性が悪くなります。

レイドオフのトップ、そしてシャット（スクエア）フェース。

この2つの型をちゃんと作るには、感覚やフィーリングに頼るのは禁物です。レイドオフに上げているつもり、シャットフェースを作っているつもり……。つもりのままでは、いくらボールを打っても、素振りを重ねても型を築くことはまず不可能です。なぜなら、ゴルフは感覚と実際の動きにギャップが非常に大きいからです。感覚というのは、自分の目でも、ビデオの目でも確認不可能です。そして、感覚頼りでいい球を打っても型は身につきません。

型を身に付ける唯一の方法は、スイング動画を実際に撮り、自分の目でスイングを確認することです。目で見えない感覚に頼るのではなく、見えるモノに頼る。そして、感覚ではなく、徹底的に形《かたち》（型《かた》）を意識しながら練習する……。

「型に嵌《は》める」というと非常に窮屈な感じがするかも知れませんが、正しい型に嵌ることができれば、体もクラブも余計な動きをしなくてすみます。慣れるまでは違和感だらけですが、正しい型に慣れてしまえば違和感は自然に取れます。箸の持ち方と同じです（笑）。

ｉＰｈｏｎｅをはじめ、今どきの携帯電話、スマートフォンはスイング動画が簡単に撮れます。これで自分のスイングを撮って、自分の目で、自分のスイングの型がどうなっているか確かめて下さい。

次回はトップの型を修整する方法について説明します

左ひじがピンと伸び、右ひじが90度曲がった緩みのないトップ。

左ひじが曲がり、右ひじも曲がりすぎた緩んだトップ。

⑤ナイスショットしたい欲がある限り、スイングは変わらない。

自分では大胆にスイングを変えたつもりなのに、ビデオチェックしてみたらスイングがほとんど変わっていない……。

トップの高さを変えたつもりなのにいつもと同じ。シャフトクロスを修整してレイドオフにしたつもりなのに、ビデオで確認したら相変わらずシャフトが飛球線よりも右を向いている……。

こういう経験は誰しもあるでしょう。ビデオを観てガックリするゴルファーが少なくありませんが、これにはちゃんとした理由があります。多くの人は素振りをすると、変えた（変えたい）スイングになりますが、いざボールを打とうとすると振り方が元に戻ってしまうのです。ボク自身も毎日のようにビデオを使って練習していますが、素振りと実際にボールを打つ時とでは、スイングが微妙に変わってしまいます（それを解消するために、日々練習しています）。

なぜ素振りと本番とでスイングが変わってしまうのか？

これには2つの理由があると思っています。ひとつは「球をちゃんと打ちたい欲」。演劇論で好きな言葉のひとつに、「役者は観客は意識しても、観客に向かって演技してはいけない」というのがあります。演劇の場合、稽古時に観客はいませんが、本番（公演）では観客がいます。この観客を意識することはとても大事だけど、例えば、観客を笑わせようとか泣かせようと考えて演技してはいけないそうです。下手な役者ほど、無意識の内に受けを狙ってしまい「小芝居」するそうです。

ゴルフもしかり。ゴルフでは「役者＝ゴルファー＋クラブ」。そして「観客＝ボール」。ゴルファーは観客であるボールに向かって演技するため、「ちゃんと打ちたい」「ミスしたくない」という欲があるために、新しい動きをやろうとも思ってもできないのです。優先順位の一番がちゃんと打つことになるため、スイングを変えようと思っても変えられない。対して、素振りの時には観客（ボール）がいません。自分がやりたいことができるので、スイングを比較的簡単に変えることができます。

では、本番でスイングを変えるには何をやればいいのか？

「ボールを意識するな」「素振りのように振ればいい」と言ったアドバイスをする指導者もいますが、演劇論的に言うと、これでは観客不在の芝居をやるようなもの。これは芝居としては成立しません。やはり観客あってこその芝居。ゴルフもしかりで、ボールという存在を消す（無視する）のでは本番力は身につきません。本番力を付けるには、ボールをちゃんと意識した方がいいと思います。ただし、ナイスショットを求めないこと。

わざとミスショットすればいいのです。ボールにヘッドがかすりさえすればOK。チョロ、トップ、ダフリ、シャンク、天プラ、引っかけ、チーピン、スライス、コスリ球……、なんでもいいです。とにかく、ナイスショットを打つことよりも、ボールを打ちながらスイングを変えていくのです。ナイスショットの呪縛から解放されれば、スイングは変わります（変えられます）。スイングをリフレーミングできるのです。

ただし、これは言葉でいうほど簡単ではありません。役者が観客の前で、「わざと受けない演技」「わざと下手くそな演技」をするのと同じで、すごく精神的に負荷がかかります。ですが、これをやらないと新しい動きというのは体に染みませんし、スイングをリフレーミングできないのです。

アナライズではこの精神的な負荷を下げるために、スイング改造時にはゴルフボールではなく、テニスボールぐらいの大きさのボールを打ってもらってます。ボールのサイズが少し大きくなると、心理的に「ちゃんと当てたい欲」も減ってくるため、体の動きを変えやすくなるからです。そして、大きいボールでスイングが変わってくれれば、ゴルフボールに戻していく。

わざとミスショットを打つ。これを怖がらないで練習に励めば、ビデオでスイングを確認した時に落ち込まないですむのです。

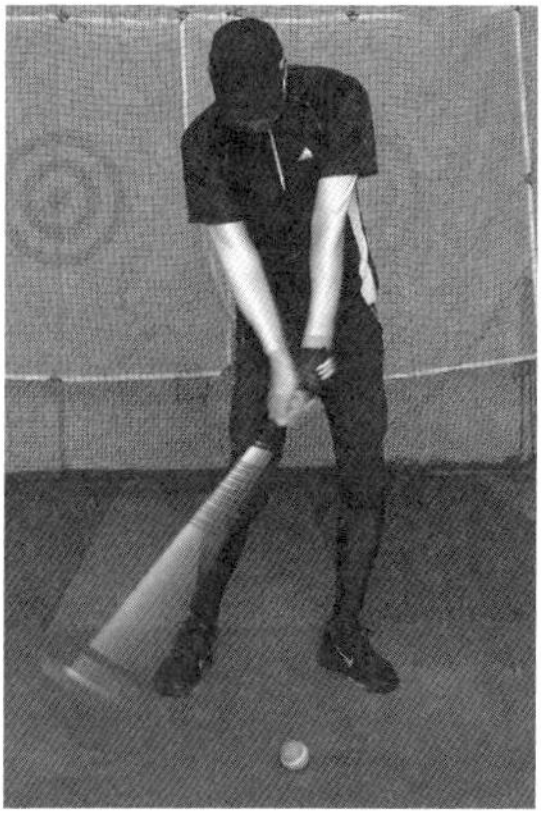
大きなボールを打つと、当てたいという欲が薄くなり、体の動きを変えやすくなる。

⑥イメージと現実のギャップを埋めるには、10倍ぐらい極端な動きが求められる。

自分では大胆にスイングを変えたつもりなのに、ビデオチェックしてみたらスイングがほとんど変わっていない……。

前回、その理由のひとつとして「球をちゃんと打ちたい欲」を挙げました。ゴルファーはボールを前にすると、「芯で捕えたい」「真っ直ぐ飛ばしたい」といった欲があるために、新しい動きをやろうとも思ってもできないのです。この悪循環を断ち切るためには、わざとミスショットを打つ。ミスを怖がらないで練習すれば、スイングを変えていくことができます。

そしてスイングを変えるためには、もうひとつ大事なポイントがあります。それは、極端なぐらい動きを変えてやること。例えば、トップの高さを5センチ低くしたいとしましょう。5センチ下げたいならば、50センチ下げるつもりでテークバックする。そうです、自分がやりたい（変えたい）ことがあるなら、その10倍変えるぐらいのつもりで動きを変えて下さい。

10倍なんて、いくら何でもオーバー過ぎるのでは？　まずは騙されたと思って10倍変えるぐらい極端なことをやったスイングを動画に収めてチェックしてみて下さい。50センチ下げるつもりでテークバックしたならば、大半の人は数センチしか下がっていないことが確認できるでしょう。自分のイメージした動きと実際の動きには、それぐらい大きなギャップがあることを誰もが確認できるはずです。

イメージと現実がズレてしまうのはゴルフに限りません。鏡や窓ガラスの前で目を閉じて両腕を水平の高さにセットし、セットし終わったら腕の高さをチェックしてみて下さい。

この時、どちらか一方が下がっている場合、水平にセットしようとするとかなりの違和感を感じます。自分にとって慣れた（心地良い）状態から逸脱するからです。たかが手の高さで違和感を強く感じるわけですから、ゴルフのスイングに至っては、トップを数センチ変えるには、ものすごく大変なストレスがかかるのです。だから10倍やるぐらい極端なイメージチェンジが求められるのです。

人間は無意識の内に「心地良い領域＝コンフォートゾーン」にいつづけようとします。この状態から抜け出すには、「心地良い領域＝正しいスイング」ではないことをまずは自覚し、そして10倍極端なことをやってみること。「こんなのスイングじゃない」ってぐらい極端なことをやって、ようやくビデオチェックした時、スイングの変化を感じ取れるようになるのです。

⑦役者もゴルファーも未熟な人ほど、壮大な設計図を描いて失敗している。

ゴルフは週に1～2回だけで体力を使い果たしますが、芝居鑑賞は週4回でも大丈夫なマーク金井です。これだけ芝居を観ていると、当然のことながら「当たり、外れ」もありますが、外れ芝居には共通項があります。

それは、残念な芝居（外れた芝居）ほどストーリー（物語）の展開が壮大。壮大すぎて何が何だか分かりません。よく言えばプラス思考。なんでもかんでも詰め込んだ感があります。役者の方も、すごく高いところを目指そうとしている意図は窺えますが、肝心の技量がついていけず、残念な演技が目立ちます。

これはゴルフに同じことが言えます。週刊パーゴルフで「残念な人のゴルフ思考法」という連載ページがありますが、スコアメイクに苦労している、いわゆる残念な人ほど、「外れた芝居」と同じような思考法になっています。

例えば、パーオン率とかフェアウェイキープ率。残念な人ほど「パーオン率は5割以上」とか「フェアウェイキープ率は50％以上」なんてことを平気で言ってきます。確かに、これが達成できれば楽に90が切れますが、この設計図は100を切るには壮大すぎます。パーオン率50％以上、フェアウェイキープ率50％以上を達成すれば、プロならば楽にパープレーで回ってくるでしょう。

そうです、残念な人というのは設計図が壮大過ぎる。目指すところが高すぎるために悪いスパイラルから抜け出せず、余計にスコアメイクに苦労しているのです。

では、100を切るためにはどんな設計図を描けばいいのか？

100、そして90を切るというのが目標ならば、まずパーオン率は必要ありません。100、90以内で回るならば、パーオン率よりもボギーオン率を考えましょう。そして、ボギーオン率が80％以上になるように心がける。そして残りの20％はダボオン率を目指す。

目標が低過ぎる？

もしそう思うならば、残念な人になる危険性大です。ボギーオン率というのはパーオンしたホールも含まれます。ボギーオン率80％ならば、いくつかのホールでパーが取れるじゃないですか。いや、取れなくても80％以上のホールがボギーならば、100以上叩くことはまずありません。ボギーオンを逃したホールがダボならば、94～95で上がれます。

そして、ボギーオンを増やすためにティショットで求められるのは、フェアウェイキープではありません。ティショットで大事なことは最低飛距離を出すこと（ボギーオンするための）、そしてティショットで死なないこと。つまり、OBや池ポチャ、林に打ち込んでしまわないことです。

ホールによっても異なりますが、ボギーオンするための最低距離は150～170ヤードぐらいでしょう。これだけの距離がちゃんと打てれば、大抵のホールは3打目はショートアイアンやウエッジでグリーンを狙えます。そして、ティショットで死なないことを「ティショット生存率」として数値化する。ボギーペースぐらいまでが目標ならば、「ティショット生存率」80％を目標にしてプレーするのです。

70台でプレーするにはパーオン率やフェアウェイキープ率の高さが求められますが、ボギーペースぐらいまでが目標ならばこの2つは必要ありません。それよりも確実にボギーオン率80％以上を達成すること、ティショット生存率80％以上を目標に掲げ、そして100％達成にチャレンジする。これだけで残念なゴルフ思考法から抜け出せますし、スコアメイクも格段にやさしくなってきます。

⑧「分かる=できる」と考えるのは、残念な人のゴルフ思考。

理想のゴルフスイングは頭の中にバッチリ入っているのに、練習してもそれが全然身につかない……。

このハードルをクリアするための方法論を2回にわたって説明しました。ひとつはミスを怖がらないこと。わざとミスするぐらいのつもりで新しい動きを取り入れることです。

そして2つめのポイントは自分のイメージよりも「10倍」極端にやってみること。「こんなのスイングじゃない」ってぐらい極端なことをやって、ようやくビデオチェックした時、スイングの変化を少し感じ取れるようになるのです。

ではこの2つにじっくり取り組めば、予定通りスイング改造できるのでしょうか？

結論から先に言うと、できる人と、できない人とに分かれます。

ではその分岐点はどこにあるのか？

才能とかやる気、モチベーションの高さも大事ですが、実はもっと大事なことがあります。

それは「分かる=できる」と混同しないこと。

多くのゴルファーは頭で理解したことは、すぐに体でできると思いがち。正しい動き、正しい形を理解すれば、短時間でスイング修整ができるという前提で練習します。そして、そう考える人ほど、頭で理解したことができないとイライラしたり、自分に腹を立ててしまう。そして、だんだん練習のモチベーションも下がってきて、挙げ句に「自分にはゴルフの才能が無い」「こんな改造は無理」なんてことも言いはじめます。この負のスパイラルに入ってしまうと、まずスイング改造は無理。残念な人になってしまいます。

他方、「分かる」と「できる」はイコールではないことをちゃんと理解している人は、スイングを直すことができます。「分かる」というのはスイング改造のゴールではなく、スタート地点。「分かった」ことを体で表現するためには、分かることと同じくらい、いやそれ以上の努力と時間を要します。これをちゃんと理解し、前述した2つのことを意識しながら練習に取り組めば、スイング改造は必ずできます。

あまり面白くない芝居を観ていると、「嘘臭くて、下手くそだなぁ」「あんなの俺だってできるよ」なんて批評めいたことをいう観客がいます。たしかにその指摘は的を得ていますが、実際に舞台に上がったら、下手くそと揶揄した役者よりも絶対に上手い演技はできません。と言うよりは、素人が舞台に上がったら頭が真っ白になって、何もできないのがオチです。それぐらい「分かる」と「できる」は天と地ほど離れているのです。

ゴルフもしかり。「分かる」だけでは何も手に入りません。上達のプロセスは「分からない」から「分かる」。これがスタート。そして「分かる」から「できる」ようになるための地味な努力を繰り返す。「分かる」と「できる」ことは違うことと理解した人だけが、スイングを直すことができるのです。

⑨飛ばないドライバーを使った方が、ティショット生存率がUPする。

前回、100切り、90切りのためには現実的な設計図を描く必要があると書きました。大事なことなので繰り返します。フェアウェイキープ率とかパーオン率というのはパープレーで回る時に必要な設計図。100、90以内で回るならば、まったく無用の長物です。このレベルのゴルファーはパーオン率よりもボギーオン率を考え、ボギーオン率が80％以上を目指しましょう。

そして「ボギーオン率を上げるために」を増やすためには、フェアウェイキープ率よりも大事なことがあります。ティショットで一番大事なことは最低飛距離を出すこと（ボギーオンするための）。150〜170ヤードで十分です。そしてティショットで死なないこと。OBや池ポチャ、林、木の根元、フェアウェイバンカーのアゴのそば等に打ち込まないことです。

死なないこと、すなわち「ティショット生存率」80％以上を目指す。

ではどんな道具（ドライバー）を使えば、「ティショット生存率」を上げられるのか？

ポイントは2つ。

ひとつはナイスショットとミスショットの飛距離落差ができるだけ小さい道具(ドライバー)を選ぶこと。分かりやすく言えば、飛ばないドライバーがベストです。スコアメイクを考えると、10発打って1発「ぶっ飛び」するドライバーよりも、10発打って平均的に飛ぶ方が「ティショット生存率」を上げられます。

飛ばないドライバーを使えば、ゴルフの醍醐味を味わえない……。ティショットが人よりも飛ばないなんて面白くない……。

はい、面白くありません。面白いゴルフを堪能したいならばスコアアップは潔く諦めて下さい（キッパリ）。というか面白いゴルフをしようとするから、ザルで水をすくうようなプレーをしてしまいスコアメイクから遠ざかるのです。ゴルフはミスのゲーム。飛ばすことが優先順位の上にくるほどスコアメイクは難しくなります（特に、100、90が切れない人は）。

もうひとつのポイントはミスをとことんカバーしてくれるドライバーを選ぶこと。例えば、スライサー。右に曲がる人は、とにかく捕まりがいいドライバーを選ぶ。具体的に言うと、「何だこりゃ」って唸るぐらいのフックフェース。そしてロフトが多め、クラブは短め、重心距離も短いタイプをお勧めします。スライスする度合いを減らせると曲がりを軽減できるだけでなく、ミスを怖がらないでスイングできる分だけ曲がりを減らせるからです。

クラブ設計家の竹林隆光氏は、この手のお助け要素が強いクラブを「補助輪付きクラブ」とおっしゃってますが、まさに100、90を切るには「補助輪」が不可欠です。

もし、どんなドライバーを使っても「ティショット生存率」が50％以下だったら、何をすればいいのか？

それは次回、じっくり説明しましょう。

⑩ティショット生存率が50%以下のゴルファーは、ドライバーを封印することも考える。

１００が切れない、90が切れない。何年ゴルフをやってもこの壁を乗り越えられないゴルファーが少なくありません。練習量の少なさ、コースに出る機会が少ないことも影響していますが、それよりもっとスコアに影響を及ぼしているのが、ティショットでのミス。ハーフにＯＢを何発も打ったり、池や林に打ち込んでしまうことで、１ホールで大叩きしています。

言い換えれば、１００、90が切れない人は、ティショットでスコアを浪費しなければ、それだけでベストスコアを更新できます。そのためには、ティショットでやるべきことは、飛ばすことでもないし、フェアウェイキープでもありません。ティショットで一番大事なセカンドショットがちゃんと打てる場所に、「とりあえず」ボールを運ぶこと。飛距離は１５０～１７０ヤードで十分ですから、「ティショット生存率」を限りなく１００％に近づけて下さい。ティショットで大事なことは、ＯＢや池ポチャ、林、木の根元、フェアウェイバンカーのアゴのそば等に打ち込まないことです。

ここまで読んで、「何だ思ったほど難しくない」「簡単じゃないか」とちょっとでも思っている人は、ゴルフの本当の難しさを理解してません。試していただけるとわかりますが、パー３を除く14ホール、このすべてのティショットでチョロやＯＢ、池ポチャを打たないことは、皆さんが予想するよりもはるかに達成困難なことだからです。

恐らく、100を切れないゴルファーの大半は、「ティショット生存率」は60〜70％行けばいい方でしょう。50％以下の人も多いと思います。何故かと言うと、ほとんどのゴルファーは「ティショットは飛ばすもの」「1ヤードでも遠くに飛ばしたい」と考えています。また、狭いホールやOBが多いホールに直面すると、今度は逆に「曲げたくない」「ミスしたくない」とネガティブマインドになってショットに臨んでいます。とりあえず150〜170ヤード打つということをやったことがないので、やろうと思っても上手く行かないのです。

では、どうすれば「ティショット生存率」を上げていけるのか？

打ち方も大事ですが、もっと大事なことはクラブ選択。「ティショット＝ドライバー」と考えず、ドライバーから7番アイアンぐらいまでを考えて下さい。プロのトーナメントでも300ヤードちょっとのパー4が時々ありますが、こんなホールならば7番で130ヤードしか飛ばなくても、3オン（ボギーオン）が楽にできるじゃないですか。

そうです、パーオンではなくボギーオンすることを考えてクラブを選ぶ。そして、一番ミスが出づらいクラブを選択して打つ。そして、フェアウェイバンカーなどがある場合は、そこに絶対届かないクラブを選択する。

消極的過ぎて面白くない……。

はい、面白くありません。面白いゴルフを堪能したいならば、スコアアップは潔く諦めて下さい（キッパリ）。というかティショットで「ギャンブル」を選択するからティグランドで死んでしまい、ボギーオンすらできない。結果、スコアメイクから遠ざかるのです。

2011年8月にツアー初優勝。翌週も2位と活躍した笠りつ子プロ。彼女が小学生の頃、熊本のゴルフ場で取材したことがありますが、その時、彼女が持っていたのは6番アイアンと、パターだけ。2本だけでプレーしてました。当時、彼女の師匠である坂田信弘プロの方針で、「下手な子ほどクラブの本数が少ない」という決まり事があったからです。そしてハーフ45を切ったら、徐々に本数を増やしていけるのです。

ティショットで150〜170ヤードをちゃんと打つ。クラブは問いません。そして「ティショット生存率」を100％に近づける。これができれば、1ホールでの大叩きは確実に減らせますし、100、90を切るのに何が必要かが見えてきます。

次回は、セカンドショットの目的について説明しましょう。

⑪セカンドショットで大事なことは、結果オーライが出やすい場所に運ぶこと。

１００を切る、90を切る。どちらの場合も、１ホールをボギー以内で上がることができれば簡単に達成できます。多くのアマチュアゴルファーが１００切り、90切りには「何か乗り越えなければならない壁」があると思いがちですが、ゴルフにそんな壁は存在しません。もし壁があるとすれば、それは自分自身で勝手に壁を作ってしまっているのではないでしょうか？

もしくは長年ゴルフをやっていると、負の経験、失敗したことが記憶に蓄積され、それが集合体になって「壁」が築かれているような気がします。

さて、今回のテーマは１００切り、90切りのためのセカンドショットの狙い方、打ち方について。

ボギー以内でプレーするためにはパーオンは必要ありません。例えば、パー4ならばセカンドでグリーンに乗せるのではなく、３打目でグリーンに乗せればいい。セカンドショットで一番大事なことは３打目にグリーンに乗せやすい場所にレイアップ（手前に刻む）することです。

では、どこにレイアップすればいいのか？

例えば、グリーンまで１５０ヤード残っているとしましょう。７番アイアンでナイスショットすれば乗る距離ですが、ここでも大事なことは「死なない」こと。具体的に言うと、

①OB、池、林の中に打ち込まない
②チョロやザックリを打たない

これらを避けられるクラブを選んで下さい。残り150ヤードであれば、100ヤード以上は確実に飛ぶクラブを選択すること。例えば、9番アイアンならば曲げない、チョロを打たない自信があるならば迷わず9番を選ぶ。乗せることよりも、セカンドで「死なない」ことを考えてクラブを選んで下さい。

もうひとつのポイントはパターでも寄せられる場所にボールを運ぶこと。ボールからグリーンまで地続きになっている場所にボールを運ぶ。ここに運べば、3打目がグンとやさしくなります。トップやダフリ気味のショットを打った時でもトラブルに巻き込まれません。運が良ければ結果オーライだって期待できます(笑)。

他方、セカンドでバンカーに打ち込んだり、バンカー越えのショットを残さないこと。100切り、90切りができない人の多くはバンカーショットが苦手です。また苦手にしていなくても、運悪く目玉のライになったり、アゴ近くにボールがあったりすると、途端にボギーオンができなくなるからです。

運自体は自分でコントロールできませんが、運がいい場所、運が悪い場所というのは自分で見分けられますし、そこに打つことで引き寄せる運も変わってくるのです(キッパリ)。結果オーライには運が必要ですが、結果オーライが出やすい場所に打てば、良い運を手に入れられる確率も上がるのです。逆に、バンカーやバンカー越えに打てば打つほど、悪い運を引き寄せてしまう確率が上がってくるのです。

150ヤードを例にしましたが、100ヤードでも同じです。セカンドで乗せないつもりで打って結果的に乗ってしまうのはOKですが、セカンドで狙って乗せようと思って打つのは禁物。グリーンに届くクラブを手にするほど、運の悪い場所にボールが飛ぶ確率が上がり、そしてボギーオンの確率も下がるのです。

乗せられる距離にボールがあるのに、あえてレイアップする。簡単そうに思えるかも知れませんが、これまたドライバーで飛ばさないことと同じぐらい難しいし、精神的にかなりのストレスがかかります。でも騙されたと思って、ハーフでもいいから9ホールすべてのホールでパーオンを狙わず、ボギーオンできる場所を狙ってセカンドを打って下さい。

そして全ホールでボギーを達成させてみる。これができれば、簡単にハーフ50を切れます。そして、パットとアプローチがそこそこ決まれば45も楽に切れます。

プロはアンダーパーで回るためにパーオン率を上げようとしています。アマチュアがボギーペース以内で回るためにやるべきことは、ボギーオン率を上げることです。この違いを理解し、そしてボギーオン率を上げる努力を重ねる。これが80台で回るための基本であり鉄則です。90を切るのに、ティショット、セカンドショットでナイスショットは必要ありません。本当にナイスショットが求められるのは3打目なんです。

次回はなぜ3打目が重要なのか説明しましょう。

⑫スコアを左右する3打目を上手く打てれば、パー奪取率が一気にアップする。

ボギー以内でプレーするためにはパーオンは必要ありません。ボギーオンを狙い、100パーセントの確率でボギーオンさせる。パー4ならば3打目、パー5ならば4打目、そしてパー3ならば2打目にグリーンに乗せることを実践して下さい。

その方法論として、前回はレイアップ（手前に刻む）についてお話しました。ティショット同様、セカンドショットでも大事なことはいい球を打つのではなく、「生存率」を上げることです。パーオン率が0％でも、セカンドショットの「生存率」が100％ならば、ボギーオン率が上がりハーフ45前後で楽に回れます。ちなみに、シングルプレーヤーならば30台で回ってくるし、プロならばパープレーも出してくるでしょう。

何故かと言うと、上手い人ほど「3打目」でいいショットを打つからです。

例えば、パー4の3打目。ボギーオンするためのアプローチを50センチに付ければ楽にパーで上がれます。プロならば3打目を上手く打ってチップイン（バーディ）だってあるからです。

逆に言うと、ティショット、セカンドショットが完璧でも3打目でザックリしたり、トップしたらどうでしょう。ティショット、セカンドショットはすべて水の泡。ボギーはおろかダボ以上叩いてしまうことになるのです。

パー3においても、3打目（パット）が決まればパーで上がれます。パー5においても3打目がちゃんと打てれば大叩きしません。日本人は「3」という数字が好きな国民ですが、ゴルフにおいては3打目がスコアメイクの命運を握っている。3打目でいい結果を出せればスコアは勝手に良くなる。対して、1打目、2打目が良くても、3打目が悪いとスコアは確実に悪くなるのです。

皆さんにも心あたりがあるでしょう。ドライバーが調子良くないのにスコアが良い時があったり、いいショットをたくさん打っているのにスコアが悪い時があったり……。この違いは3打目の違いにあるんです(キッパリ)。

そしてここからが大事なポイントですが、100が切れない、90が切れない人は、コースに出た時、ナイスショットを2発続けることはできても、3発続けることはできません。なので、ティショット、セカンドでいい当たりをした時、肝心の3打目で大きなミスをしでかす確率が高い。そして、3打目で失敗するとダボ、トリプルを叩く確率も高くなるんです。

察しのいい人はもうおわかりでしょう。そうです、スコアメイクにおいて大事なことは3打目を成功させやすい場所にボールを運ぶこと、そして、3打目にナイスショットが出やすいように自分を持っていく。

ティショット、セカンドで大事なことは100点を取ることではなく、積極的に50~60点を狙って気楽に打つ。そして3打目に80点以上が出るように頑張る。これがスコアメイクの基本であり鉄則なのです。

次回は、調子の良し悪しのジャッジの仕方について説明しましょう。

⑬ナイスショットは好調のバロメーターにならない。

今日はティショットの調子が良かったのにスコアがまとまらなかった……。

調子はあんまり良くないのに、上がってみたらそこそこのスコアが出た……

ラウンド後のゴルファーの会話で必ず出てくるのが「調子の良し悪し」でしょう。１００以上叩く人も、90前後で回ってくる人でも、その日の調子については何らか語っているはずです。

さて、この調子の良し悪し。

練習場ならば芯を喰ったり、飛距離が出たり、方向性が良ければ「調子が良い」ことになるでしょう。皆さんも、いい当たりが連発すれば「今日は調子が良い」と思っているはずです。

では、コースに出た時はどうジャッジすればいいのか？

ドライバーが狙った方向に飛んだり、会心の当たりを連発すると、ほとんどの人は「今日は調子が良い」とジャッジしがちです。しかしコースに出た時、このジャッジは正しいものではありません。何故かと言うと「ナイスショット＝いいスコア」になるとは限らないからです。皆さんもそんな経験が何度もあるはずです。

では、何を基準にすればいいのか？

いいスコアに直結するショットが多く出れば「好調」だとジャッジして下さい。その方がスコアメイクもやさしくなります。例えば、ドライバー（ティショット）においては、

①セカンドで自分が得意なクラブが使える
②セカンドで番手と番手の間の距離が残らない
③同じ番手のクラブが使える回数が多い

こういうティショットが打てる時、ゴルフが非常にやさしくなりますし、セカンドショットも打ちやすくなります。逆に、いつもより飛んだとしても、番手と番手の間の距離が残ったり、苦手な距離が残る時は、「好調」ではありません。いいショットを打ってもセカンドが狙いにくくなるし、難易度も上がるからです。

また、ドライバーの当たりが少し悪くて飛ばなかった時でも、セカンドで前ホールと同じクラブを使える時というのは、かなり「好調」です。1番ホールのセカンドが9番アイアン、2番ホールも9番アイアン、そして3番ホールも9番アイアン。こういう時はスイングに迷いが生まれません。同じクラブで何度もグリーンを狙える時は、いいスコアを出しやすいことが容易に想像つくはずです。

セカンドが打ちやすい状況に運べたかどうかが、「調子」のバロメーター。そう考えることができると、「ショットが好調なのに、スコアが悪い」という悪循環を断ち切れるし、ゲームプランのミスも減らせます。

セカンドショット以降もしかり。次に打つショットが得意な状況に運べた時が好調で、不利な状況に行ってしまった時が不調です。例えばボクの場合、パットはスライスラインが苦手で、フックラインが大の得意

（笑）。距離が長くなってもフックラインが残ることが多い日は「好調」で、実際スコアも良いです。逆に、ピンの近くに乗せることが多くても、苦手なスライスラインが残りやすい日は、ショットが良くてもいいスコアは出ません。こういう日は、調子が良くないとジャッジするようにしています。

ゴルフにおいて求められるナイスショットとは、次がやさしくなるショットが打てること。それを調子のバロメーターにすると、メンタル面で変なストレスもかかりませんし、良いスコアを出しやすくなってきます。

次回は、不調時のプレーの仕方について説明しましょう。

⑭調子が悪いと感じた時は、とにかくリスクが低いショットを選択する。

ドライバーが木に当たってOB。アイアンが引っかかってグリーンに乗らない。いい感じで打ったパットがカップに蹴られて3パット……。

何をやっても上手くいかない、やることなすこと裏目に出てしまう。

調子の悪い時、ツキに見放される時というのは、腕前に関係なく誰しもあります。石川遼君だって波に乗りきれない時は、簡単にオーバーパーを叩いてしまうのがゴルフです。

では、不調時（ツキの無い時）はどんなプレーを心がければ、スコアの乱れを最小限に抑えられるのか？

答えは「何もしない」ことです。

当たり前過ぎて拍子抜けした人も多いでしょう。ですが、自分のプレーを振り返ってみて下さい。調子の悪い時に「何もしない」こと「じたばたしない」ことは、簡単なことではありません。何かをやりたくなるのがゴルファーの性（さが）。ドライバーの調子が悪い時に限って、普段と違うことをやったり、ティアップの高さを変えるなどの小細工をしているはず。パットにおいてもカップに届かない直後に、今度は余計なパンチが入って大オーバーとかしているはずです。

大半のアマチュアゴルファーは、不調時（ツキが無い時）ほど余計なことをして傷口を広げ、それが原因で更なるミスを自ら招いています。ミスの連鎖を断ち切るのではなく、ミスの連鎖を自分で作っています。

だから、不調時（ツキが無い時）ほど、やることなすことが上手く行かず（裏目に出てしまい）、スコアもボロボロになってしまうのです。

ギャンブルに例えるならば、負けている時（ツキがない時）に賭け金を増やすというようなことをしているのです。ギャンブルの世界では常識ですが、負けている時（ツキがない時）は絶対に賭け金を増やさないこと。これをやるとツキにますます見放されます。下がり目の時はとにかく、それが過ぎ去るまではじっとしている。上がり目になるまでは、「見」（賭けないないで見ているだけ）か、最小賭け金で勝負して流れが変わるのを待つ。これがツキのない時のセオリーです。

では、ゴルフにおいて「何もしない」こととは何か？

基本はリスクが少ないショットを選択すること。君子危うきに近寄らずと言ってもいいでしょう。例えば、ティショット。右サイドにOBがあって左が広いならば、ベストポジションのフェアウェイを狙うのではなく、左のラフでOKってぐらいの感じで狙う。セカンドもしかり。バンカーショットでホームランとか出やすい人は、バンカーに届かないクラブを選択する。

塚田好宣プロは「交通事故に遭わない」ようにプレーすることが大事だと言っていますが、まさにその通り。クルマの量が多い交差点を歩くのと、歩道橋の上を歩くのとを比較すれば、後者の方が明かに事故に遭う確率が下がりますよね。

ゴルフにおいても同じ。不調だと感じたり、ツキがないと感じた時は、とにかく危険な場所を避ける。ティショットにおいてはバンカーを越そうとしたり、ドッグレッグでショートカットを狙わない。セカンド以降ならば、バンカーに入れない、バンカー越えのアプローチが残るような場所に打たない。花道からならば、SWじゃなくてパターで打つ。

ショートホールで6番と7番の中間の距離が残ったら、6番で軽く打つとか7番でしっかり打つなんてこともやらない。手前の方がリスクが少なければ7番で手前に刻む。池越えとかで手前が危険ならば、6番で奥のエッジまで打つ。

グリーン上ならば、ラインを読み過ぎない。読み過ぎない方が外した次のパットが上りになります。また、ラインを読み過ぎて外すと「上手く打ちすぎて外れた」などとマイナス感情が増幅され、ストレスを抱えたまま次のパットを打つことになるからです。

他にも色々ありますが、まとめると、

①自分が得意なクラブを使う
②とにかく安全な場所を狙う
③ナイスショットの閾値を下げる

危険な場所、ミスが出やすい場所に打ち込んだら、ナイスショットの閾値を下げて下さい。例えば、バンカー越えのアプローチならばピンに寄せることよりも、「とりあえず乗ればOK」ってぐらいに。自分に厳しくするよりも、閾値を下げた方がミスの上塗りを確実に回避できますし、大叩きも防げます。

ちなみにボクの場合、調子が悪くなるとティショットをミスした時点で、本気でパーを狙いません。そのホールは負けを覚悟。ボギー、ダボを覚悟しながらプレーします。心の片隅に、1%でもミスを取り戻そうとしたり、パーを狙いにいったら、ギャンブルショットを選択してしまいミスを上塗りすることになるからです。

ゴルフは18ホールを戦います。不調時（ツキがない時）にじっと耐えることを覚えると、プレー中、どこかで流れが変わって好調時（ツキがある時）がやってきます。18ホール好調、18ホール不調ということはめったにありません。大事なことなので繰り返します。不調な時は、余計なことをしない。リスクの高いショットを選択しない。これを肝に銘じておくだけで、大叩きは確実に減らせるし、ゴルフの流れも良くなってくるのです。

次回は、スタートホールのプレーの仕方について説明しましょう。

⑮ナイスショットの閾値を下げれば、スタートホールで大叩きしない。

コースに出ると練習場で打てたショットが打てない。コースに出るとプレッシャーがかかってミスを連発する。特にスタートホールでは自分のゴルフがまったくできず、いつも叩いてしまう……。

アマチュアの中で、スタートホールが大得意な人は滅多にいません。90％以上の人はスタートホールを苦手にしてますし、スタートホールさえ上手く乗り切れば良いスコアが出せると思っています。恐らく、皆さんもその1人ではないでしょうか？

そこで今回のテーマはスタートホールの攻略法について。

スタートホールを上手くプレーするコツは、「結果」ではなく「ショットに集中」することです。

自分のプレーを振り返ってみて下さい。スタートホール、特にティショットで「ショットに集中」することは簡単なことではありません。スタートホールを舞台に例えるならば初日。どんなに稽古を重ねても、稽古と初日は全然違います。ゴルフもしかり。スタート前に練習して手応えをつかんでも、それはあくまで稽古。本番ではありません。ゴルファーはそれが分かっているから本番の1打が緊張し、思うようなスイングができません。加えて、スタートホールには観客（ギャラリー）がいます。

その結果、アドレスに入れば、どこにボールを打つかということよりも「チョロしたくない」「OBを打ちたくない」「ナイスショットしたい」等々、結果（願望）を求めてスイングしています。そして大抵は自分が願う結果が手に入らず、ミスを重ねてスコアを崩しています。

では、どうすれば「結果」ではなく「ショットに集中」できるのか？

基本はリスクが少ないショットを選択すること。フックが持ち球ならばフェアウェイではなく右のラフを狙い、スライスが持ち球ならば左のラフを狙う。そして飛距離の「閾値」（レベル）を思い切って下げることです。例えば、ティショット。100が切れない人ならば、チョロやOBじゃなければOK。飛距離も150ヤード以上飛べばナイスショットだと思ってショットに臨む。心のかたすみに1％でも200ヤード以上飛ばそうなんて思ったら「結果」がチラついて余計なことをします。150ヤード飛んだら「ナイスショット」だと100％思って下さい。飛距離の「閾値」を下げる。これがちゃんとできれば、それだけでも確実にミスを減らせます。

もうひとつのポイントは球を曲げること。

スライスが持ち球ならスライス、フックが持ち球ならばフックを打つ。ボクはフッカーですが、スタートホールでは右のラフを狙って左のラフまで曲げるつもりで打っています。真っ直ぐ打とうとするよりも、持ち球で曲げに行った方が余計なプレッシャーがかからないからです。また、曲げようとした時のほうがクラブをスムーズに振れます。

逆に言うと、スタートホールのティショットが苦手な人ほど、緊張した場面で真っ直ぐ打ちたい（曲げたくない）と思っています。緊張する場面で、ますます自分にプレッシャーをかけてしまうから、余計にミスが出やすくなっているのです。

スタートホールのティショットはギャラリーが多くて緊張してしまう、という人がいますが、これは自意識過剰です（笑）。確かに、スタートホールのティグラウンドにはたくさんの人がいますが、その多くは自分のことで精一杯。人のことなんて気にかけていません。練習場でもそうですが、ゴルファーは拍子抜けするくらい他人のショットに関心ありません。大事なことなので繰り返しますが、ショットする時に誰かの視線が気になる人は自意識過剰です。そして、自意識が過剰になるほど「結果」（願望）を求めることになり、「ショットに集中」できなくなっています。

ゴルフはメンタルが大事だと言われてますが、メンタルに答えを求めてしまうとどんどん袋小路に入ってしまいます。緊張しようが緊張しまいが、自分がやるべきことは何か？　何に集中してスイングすればいいのかを、ボールを打つまえに頭にたたき込んで下さい。

150ヤード飛ばして、思い切り球を曲げる。緊張した場面でも、この2つのことに集中すれば、チョロや天プラ、OBといったとんでもないミスは出ません。そして、スタートホールは舞台初日。とりあえず前にすすめばOKという気持ちでプレーしてみて下さい。これだけで、かなり楽にスタートホールを乗り切れるはずです。

次回も、スタートホールのプレーの仕方について説明しましょう。

⑯スタートホールでは飛ばさない、乗せない、寄せない、入れない。

スタートホールは18ホールの中の1ホール。そう考えれば気楽にプレーできるという考え方もありますが、実際はどうでしょう。出だしでつまずいてズルズルとスコアを崩す人が少なくありません。出だしで大叩きしていいスコアを出せるアマチュアはそう多くないと思います。

スタートホールを上手くプレーするコツは、「結果」ではなく「ショットに集中」することだと前回説明しました。そして、飛距離の「閾値」（レベル）を思い切って下げることが大事だと。ドライバーのナイスショットの距離が240ヤードならば、150ヤード飛べばナイスショットだと思ってショットに臨む。頭の片隅に1％でも200ヤード以上飛ばそうなんて下心を持ったら「結果」がチラついて余計なことをします。150ヤード飛んだら「ナイスショット」だと100％思って下さい。飛距離の「閾値」を下げれば、それだけでも確実にミスを減らせます。

では、セカンド以降は何に集中すればいいのか？

「飛ばさない」「乗せない」「寄せない」「入れない」ことを強く意識してショットに臨んで下さい。理由は単純。アマチュアのミスの大半は「飛ばしたい」「乗せたい」「寄せたい」「入れたい」ことによって発生するからです。言葉を換えれば、～したいという願望、欲望、期待の大きさが自らにプレッシャーをかけてしまっているのです。

例えば、ティショットを打ち終わってグリーンまで150ヤード残っているとしましょう。7番アイアンで届く距離ならば、9番を手にする。9番ならばグリーンに届きませんが、「乗せない」がテーマならば問題ありません。そして届かないクラブを手にすれば、左右に曲がった時に大きなトラブルに巻き込まれません。そうです。パー4のホールを自分でパー5にしてしまえば、それだけでトラブル回避ができ、なおかつボギーオンの確率を上げられるのです。

そして、3打目でピンまで30ヤード残ったならば「寄せない」つもりでアプローチを打つ。ピンではなくグリーンの中央を狙う。もしくはグリーンの一番広い所を狙って打って下さい。寄せワン率は下がりますが、これでボギーオンの確率を上げられます。

パットにおいて「入れない」コツは距離感。10メートルのパットが残ったならば、カップのギリギリ手前に止めるつもりで打ちましょう。入れることよりも、ボールを止める場所を強く意識してほしいのは、この方が距離感が良くなるからです。

「飛ばさない」「乗せない」「寄せない」「入れない」。この4つを意識するだけでゴルファーは自らにプレッシャーをかけることが無くなります。そして。これを本気で実践すれば、キャディさんから「あの人、ゴルフが分かっているな」と好印象を持たれます。ゴルフの神様から「結果オーライ」という思わぬご褒美も貰えたりします。乗せないつもりで打ったらグリーンに乗ったり、寄せないつもりで打ったらピンに寄ったり、入れないつもりでパットを打ったら1発で入ったりと……。

結果オーライというのは「運」以外の何者でもありませんが、ゴルフには「運」を引き寄せるプレーと「運」から遠ざかるプレーがあるんです。「運」は流れが良いプレーをする人を好みます。「飛ばしたい」「乗せたい」「寄せたい」「入れたい」を願う人ほど、流れが悪くなって「運」からも見放されてしまうのです。

⑰自分の閾値を下げればラッキーが多くなる。

「飛ばさない」「乗せない」「寄せない」「入れない」。

この4つを意識するだけでゴルファーは自らにプレッシャーをかけることが無くなると前回書きました。そして、これを本気で実践すれば、キャディさんから「あの人、ゴルフが分かっているな」と好印象を持たれます。ゴルフの神様から「結果オーライ」という思わぬご褒美も貰えたりします。乗せないつもりで打ったらグリーンに乗ったり、寄せないつもりで打ったらピンに寄ったり、入れないつもりでパットを打ったら1発で入ったりと。

逆に、何をやってもアンラッキー（不運）なことがあるのもゴルフの常。カート道路に跳ねて池に入ったり、木に当たってOBになったり、バンカーレーキに当たってバンカーに入ったり……。

ラッキーとアンラッキー。

誰しもこの両方を経験しますが、ゴルファーによってはラッキーの方が多く、ゴルファーによってはアンラッキーな方が多い人がいます。ボビー・ジョーンズや中部銀次郎さんは「ツキは平等」と言ってますが、運不運は五分五分ではないと思います。ゴルフにおいても、実生活においても偏りがあります。そして、ボク自身はあることを意識してからアンラッキーが減り、ラッキーが増えました。一緒にゴルフする仲間からも、「マークさんて、ほんと強運だよね」と良く言われます（笑）。

では、何が運不運に影響を及ぼすのか？

ツキには法則があって、ボクが心がけているのは自分の閾値を下げること。閾値が高い人ほど、自分に厳しい人ほど、シリアスな人ほどアンラッキーが多く、ラッキーが少ない感じがしますね。逆に、高田純次さんのように閾値が低い人、自分に厳し過ぎない人の方がラッキーが多く、アンラッキーが少ない感じがします。

プラス思考とかポジティブシンキングと似ていますが、それよりももう少しユルイ感じといったらいいでしょうか？　例えば、バンカーレーキにボールが当たったとしましょう。

レーキに当たった時、「何でレーキに当たるんだと腹を立てる」のが閾値が高い人。逆に、「こんな広いゴルフ場であの小さいレーキに当たるなんて何たる偶然。ラッキー」と思えるのが閾値の低い人です。

閾値を下げれば下げるほど、不思議なラッキーは増えてきます。何故かと言うと自分にイライラしたり、腹を立てないから。怒りっぽい人はピリピリした空気を作りますよね。ボクはこれが負（アンラッキー）を引き寄せてるような感じがしてなりません。

もうひとつのポイントは自己客観視。例えば、カート道路にボールが跳ねて林に入ったとしましょう。こういう場合、多くの人は「アンラッキー」と考えがち。でも、冷静になって考えて下さい。普通、カート道路はフェアウェイの真ん中にありません。大抵はフェアウェイの外側、ラフにあります。そうです。カート道路方向に飛んだ時点でこれはミスショット、林に入っておかしくないミスなんだからこれは想定外の「アンラッキー」ではなく、想定内のミスです。そうです。カート道路に跳ねて林に飛び込んだことを「アンラッキー」と思わなくなれば、それだけでアンラッキーの数が減ってきます。

言い換えると、ゴルファーが体験するアンラッキーの大半はアンラッキーではなく、想定内のミスショット。ラッキーが多いと感じる人は、それが分かっているから少々のことでは自分の不運を嘆かない。そして、不運を嘆かない人ほど、ツキの神様に可愛がられて多くのラッキーを手に入れているのです。

そして、ゴルフには「運」を引き寄せるプレーと「運」から遠ざかるプレーがあるんです。「運」は流れが良いプレーをする人を好みます。「飛ばしたい」「乗せたい」「寄せたい」「入れたい」を願う人ほど、自分で自分にプレッシャーをかけることになるだけでなく、流れが悪くなって「運」からも見放されてしまいます。

アンラッキーだと思った時は、それが本当にアンラッキーかどうかを見つめ直して下さい。ボクが思うアンラッキーはただ二つ。ひとつはフェアウェイのど真ん中にナイスショットを打ったボールが、スプリンクラーや亀の甲羅に当たって跳ねてOBや池に嵌ること。もうひとつは、グリーンを狙ったショットがピンにダイレクトに当たって、グリーンからこぼれ落ちること。これ以外の出来事は、単純にミスショットだとジャッジしています（笑）。

マーク金井

クラブアナリスト。ゴルフ誌だけでなく、TV、ラジオなどさまざまなメディアで活躍する、自称「ゴルフ芸人」。ハンデ3の腕前と豊富な知識を活かした、わかりやすい試打レポートには定評がある。最近はクラブ設計者としても活躍、メーカーが作れなかった、アマチュアを救うクラブを設計。悩めるゴルファーのために自らゴルフスタジオ・アナライズを主宰している。
http://www.analyze2005.com/

一生役立つゴルフ超上達法

2013年7月31日　初版第1刷発行

著者●マーク金井
編集●小木昌樹
協力●田島基晴
撮影●佐古裕久
発行者●中川信行
発行●株式会社マイナビ
〒100-0003 東京都千代田区一ツ橋1-1-1 パレスサイドビル
編集:03-6267-4483/販売:03-6267-4477
注文専用:048-485-2383
E-mail(質問用):kikaku-hensyu@mynavi.jp
Webサイト:http://book.mynavi.jp/
装幀●米谷テツヤ
印刷・製本●大丸印刷・製本株式会社

ISBN978-4-8399-4768-2　C0075